检察工作现代化

学理阐述与实践进路

JIANCHA GONGZUO XIANDAIHUA
XUELI CHANSHU YU SHIJIAN JINLU

韩彦霞 著

法律出版社
LAW PRESS · CHINA
北京

图书在版编目（CIP）数据

检察工作现代化：学理阐述与实践进路 / 韩彦霞著.
北京：法律出版社，2024. -- ISBN 978-7-5197-9674-7

Ⅰ. D926.3

中国国家版本馆 CIP 数据核字第 20245AJ638 号

检察工作现代化：学理阐述与实践进路
JIANCHA GONGZUO XIANDAIHUA：
XUELI CHANSHU YU SHIJIAN JINLU

韩彦霞 著

策划编辑 许 睿
责任编辑 许 睿
装帧设计 鲍龙卉

出版发行 法律出版社
编辑统筹 司法实务出版分社
责任校对 张翼羽
责任印制 胡晓雅
经　　销 新华书店

开本 710 毫米 × 1000 毫米 1/16
印张 11.25 **字数** 146 千
版本 2024 年 12 月第 1 版
印次 2024 年 12 月第 1 次印刷
印刷 北京建宏印刷有限公司

地址：北京市丰台区莲花池西里 7 号（100073）
网址：www.lawpress.com.cn
投稿邮箱：info@lawpress.com.cn
举报盗版邮箱：jbwq@lawpress.com.cn

销售电话：010-83938349
客服电话：010-83938350
咨询电话：010-63939796

书号：ISBN 978-7-5197-9674-7　　**定价**：68.00 元

凡购买本社图书，如有印装错误，我社负责退换。电话：010-83938349

序

自党的十八大以来，习近平总书记高度重视国家治理体系和治理能力的现代化问题。在习近平法治思想核心要义的“十一个坚持”中，“第五个坚持”就是“坚持在法治轨道上推进国家治理体系和治理能力现代化”①。习近平总书记指出：“法治是国家治理体系和治理能力的重要依托。只有全面依法治国才能有效保障国家治理体系的系统性、规范性、协调性，才能最大限度凝聚社会共识。在统筹推进伟大斗争、伟大工程、伟大事业、伟大梦想的实践中，在全面建设社会主义现代化国家新征程上，我们要更加重视法治、厉行法治，更好发挥法治固根本、稳预期、利长远的重要作用，坚持依法应对重大挑战、抵御重大风险、克服重大阻力、解决重大矛盾。”② 我国检察机关作为国家政治机关、司法机关、法律监督机关，在推进中国法治建设的进程中发挥着独立的、独特的功能价值，它不仅依法承担刑事追诉、公益诉讼的国家使命，同时也承担刑事诉讼、民事诉讼、行政诉讼活动以及行政行为的法律监督职责，在法治实施体系、现代化监督体系和国家治理体系中发挥着不可替代的重要功能。在“致第二十二届国际检察官联合会年会暨会员代表大会的贺信”中，习近平总书记明确指出：“检察官作为公共利益的

---

① 中共中央宣传部、中央全面依法治国委员会办公室编：《习近平法治思想学习纲要》，人民出版社、学习出版社2021年版，第7页。

② 习近平：《论坚持全面依法治国》，中央文献出版社2020年版，第3~4页。

代表，肩负着重要责任”①；“中国检察机关是国家的法律监督机关，承担惩治和预防犯罪、对诉讼活动进行监督等职责，是保护国家利益和社会公共利益的一支重要力量”②。由此可见，充分发挥检察机关在法治国家建设中的重要功能，是推进全面依法治国的根本要求。

自然，检察机关作用的发挥，不仅取决于合理的检察制度、体制、机制的构建，同时还要在“现代化”的语境下，提炼检察工作现代化的价值、目标，总结检察工作现代化的经验、进路，从而使检察工作既能适应推进中国式现代化的整体要求，又能在法治语境中促进检察工作的民主、公正、高效。对这些方面内容的研究，一方面需要具有扎实的学理素养，对检察原理、检察制度、检察工作具备法理层面的思索与理解，另一方面又要求具有丰富的实践经验，能够通过具体的社会观察和案件解决，寻绎在工作方法、工作思路方面可能存在的问题。换言之，唯有将法理知识与检察实务紧密结合起来，才能对“检察工作现代化”这一命题进行更深层的理论解读与更高维的实践提炼，从而为我国确定检察工作现代化的模式筑起坚实的研究基础。江苏省无锡市人民检察院的韩彦霞检察官就正好具备这样的资质，多年来对检察基础理论的探索与钻研，为她凝聚了厚重的理论储备，同时，她成长检察一线，立足检察职能，从而在检察理论的研究与应用之间，具有更深刻的认识和更敏锐的感知。

就本书的研究而言，我认为作者付出了极大的心力，在“检察工作现代化”这一总命题之下，通过条分缕析、层层递进的论述，既明确了检察工作现代化的总体要求，又就检察工作现代化的内在要素进行了深入探讨，最后回归到如何推进检察工作现代化。大致而言，本书有

① 习近平：《习近平书信选集》（第一卷），中央文献出版社2022年版，第131页。

② 习近平：《习近平书信选集》（第一卷），中央文献出版社2022年版，第131～132页。

如下鲜明特点：

一是政治立场正确。全书以习近平法治思想为指引，结合中国式现代化的基本要求，来确立检察工作现代化的主要基调。例如，作者强调："检察工作现代化的本质要求应当包括：坚持党对检察工作的绝对领导，坚持中国特色社会主义法治道路，坚持为大局服务、为人民司法、为法治当担，坚持检察办案与法律监督有机融合，以检察工作理念、体系、机制、能力全面现代化实现'四大检察'高质量发展，以检察之力服务中国式现代化。"在此既有检察工作在政治原则、政治方向上的精到把握，也有对检察职责、检察能力等方面的具体概括，很好地体现了在新时代建设中国式现代化中检察工作现代化的发展方向。

二是体系架构完整。全书在体例上，以"独立价值""内在规定""整体目标""实践进路"四大内容板块，较好地归纳了检察工作现代化的核心内容。"价值"是实践的准则，代表着检察工作现代化的理想追求；"规定"是建构的依循，象征着检察工作现代化的资源发掘；"目标"是行动的纲领，指引着检察工作现代化的发展方向；"进路"是应用的指南，体现着检察工作现代化的现实回应。这四方面的内容深入浅出，对检察工作现代化进行了较为全面的系统性论述，也为架构起检察工作现代化的理论研究框架做出积极的探索。

三是理论实践结合。在本书的写作中，作者既能很好地运用相关的法律知识、法律原理、法律技术对检察工作现代化的诸多理论层面的问题进行深刻的解读，同时又能结合自身的工作实践，从"局内人"的角度审视目前检察工作现代化中所遇到的障碍、问题，并在此基础上提出具有极强操作性的法律建议和法律对策。例如，有关检察制度的完备性、检察权运行的有效性、检察人员的适配性的阐述，宏观上将检察工作现代化置于现行国家治理体系的大背景中，而"实践进路"中提到的检察理念现代化、检察体系现代化、检察程序和检察机制现代化、检察能力现代化等问题，无疑也正是当代中国在检察制度方面亟须完善的重点内容。

当然，检察工作现代化作为法治中国建设中的一个重要命题，其研究不自韩检察官始，也不会从韩检察官终，有待更多的法学研究和检察实务的人员投入其中，为此提出更为丰富的学理解说和对策建议。另外，作为一部持续探索中的阶段性成果，本书更多落笔在中国检察工作现代化，积极思考其在世界法治文明中的引领作用。今后，作者将持续追问中国检察工作现代化与不同法治文明之间的成果交流，也邀请未来的研究者们不断求索。总而言之，本书竭力搭建出一个较为周延清晰的理论框架，相对于检察工作现代化缺乏系统性的研究现状而言，这种理论尝试对于中国检察工作现代化的理论创新是一种激励，值得一读。

衷心祝贺本书的出版！也期待学界对此问题进行更为深入的研究和讨论。

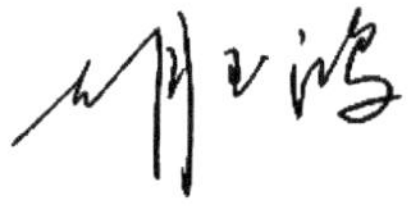

2024 年 12 月 12 日

目 录

导　论

“现代化”的演进
及检察工作现代化提出的背景

何为“现代化”？“现代化”是一个相对的、动态的概念。所谓相对性，是指现代化在时间、空间、量质方面均在比较意义上存在或变化。所谓动态性，是指现代化是不断接近现代目标的趋势和过程。上述两个方面的特性也决定了“现代化”概念总是历史的、具体的、实践的，界定“现代化”也由此成为一件困难的事情。C. E. 布莱克先生曾指出，“如果一定要下定义的话，那么‘现代化’可以定义为：反映着人控制环境的知识亘古未有的增长，伴随着科学革命的发生，从历史上发展而来的各种体制适应迅速变化的各种功能的过程”。[①] 通常意义的现代化是特指工业革命以来人类社会在经济、政治、文明等方面由传统向现代所发生的深刻转变。

“现代化”在特定时间和特定维度的中国表达即发展出“中国式现代化”的概念。习近平总书记在中国共产党第二十次全国代表大会上的报告中指出：“在新中国成立特别是改革开放以来长期探索和实践基础上，经过十八大以来在理论和实践上的创新突破，我们党成功推进和拓展了中国式现代化。”[②] 在党的二十大报告中概括提出并深入阐述中国式现代化理论，从人口规模巨大、全体人民共同富裕、物质文明和精神文明相协调、人与自然和谐共生、走和平发展道路五个方面系统论述了中国式现代化的五大特征。从“现代化”到“中国式现代化”，不是简单的概念借用，后者在体现社会主义性质、适应中国国情实际、反映

---

① ［美］C. E. 布莱克：《现代化的动力》，段小光译，四川人民出版社 1988 年版，第 11 页。

② 习近平：《高举中国特色社会主义伟大旗帜　为全面建设社会主义现代化国家而团结奋斗——在中国共产党第二十次全国代表大会上的报告》，载《人民日报》2022 年 10 月 26 日，第 1 版。

特殊客观规律、彰显先进示范引领中形成了特有的现代化方案，彰显了人类文明的全新形态。

“中国式现代化”决定“中国式法治现代化”的本质特征和进步尺度，[①]“中国式法治现代化”全面反映了“中国式现代化”的根本要求。在全面依法治国背景下，“中国式现代化”从“工业、农业、国防和科学技术”四个现代化发展出“国家治理现代化”。“国家治理现代化”的深入发展离不开法治，社会治理的法治化是“国家治理现代化”的题中之义。党的二十大报告提出“在法治轨道上全面建设社会主义现代化国家”，由此可见，“中国式法治现代化”在“国家治理现代化”层面成为支持“中国式现代化”的必要条件和根本保障，“中国式法治现代化”是“中国式现代化”在全面依法治国领域的具体体现和核心标志。“中国式法治现代化”与“中国式现代化”之间既形成了主导与主体的逻辑关系，又形成了手段与目标的因果关系。[②]

检察工作现代化是“中国式法治现代化”的重要有机组成部分。我国检察机关作为国家政治机关、司法机关、法律监督机关，在法治建设中发挥着独立的、独特的功能价值，依法承担刑事追诉、公益诉讼及对刑事诉讼、民事诉讼、行政诉讼活动以及行政行为的法律监督职责，在法治实施体系、现代化监督体系和国家治理体系中发挥着不可替代的重要功能。中国式现代化是具有鲜明中国特色的人类文明新形态，这就决定了作为重要有机组成部分的检察工作现代化的本质属性。检察工作现代化不是对国外法治形态的照搬照抄，它根植于深厚的中华优秀传统

---

① 参见张文显：《“中国式法治现代化”的语义和意义分析》，载《东方法学》2024 年第 4 期。

② 参见莫纪宏：《在法治轨道上全面建设社会主义现代化国家的法理意蕴》，载《广东社会科学》2023 年第 1 期。

法治文化，具备独创性的先进理念和制度设计，承载着服务保障中国式现代化的历史使命和重大责任。因此，检察工作现代化的本质要求应当包括：坚持党对检察工作的绝对领导，坚持中国特色社会主义法治道路，坚持为大局服务、为人民司法、为法治担当，坚持检察办案与法律监督有机融合，以检察工作理念、体系、机制、能力全面现代化实现“四大检察”高质量发展，以检察之力服务中国式现代化。检察工作现代化的水平相当程度上影响着“中国式法治现代化”的进程，“中国式法治现代化”离不开检察工作现代化。

党的二十大提出“中国式现代化”的宏大命题，为我们深化理论、引领实践确立了新的范式，为我们提出并论证法治现代化及其检察工作现代化提供了理论前提和方法遵循。检察工作现代化是“中国式法治现代化”在检察领域的投射，是“中国式法治现代化”的重要有机组成部分。因此，如何认知检察工作现代化的独立价值，把握检察工作现代化的内在规定，明确检察工作现代化的整体目标，进而探寻检察工作现代化的实践进路，就成为了新时代检察理论研究必须回答的基本问题。

第一章

检察工作现代化的独立价值

第一节　在法治实施体系中的独立价值

法治实施体系是执法、司法、守法等宪法法律实施工作的体制机制的体系化。根据《人民检察院组织法》的规定，检察机关负有维护国家法制统一、保障法律正确实施等责任。在法治实施体系中，通过程序性权力分工、权力制约和实体性权利救济、权利保护，以及检察机关与其他权力主体之间的良好协作，保证了每个主体行使权力的准确性、规范性，从而达到“防止法律执行和适用的异化”的效果。[①]

一、在刑事法治实施体系中的制约价值

在刑事司法中，检察机关通过与其他权力机关的分工与制约，保障法律正确实施、保障人权不受侵犯。我国《宪法》和《刑事诉讼法》明确规定了公、检、法三机关之间“分工负责”“互相配合、互相制约”原则。同时，《宪法》和《监察法》还规定，监察机关办理职务违法和职务犯罪案件，应当与审判机关、检察机关和执法部门互相配合、互相制约。党的二十届三中全会提出“健全监察机关、公安机关、检察机关、审判机关、司法行政机关各司其职，监察权、侦查权、检察权、审判权、执行权相互配合、相互制约的体制机制，确保执法司法各环节全过程在有效制约监督下运行”。随着刑事诉讼制度的变革，检察机关在传统刑事诉讼结构中的角色发生了转变，特别是其承转的分工与制约方式，转化生发出新的工作方式。一方面，在以审判为中心的刑事

---

① 参见门中敬：《法律监督的责任内涵与概念重塑》，载《法学评论》2022 年第 6 期。

诉讼制度中，检察职能向侦查环节逆传导，审判标准得以强化；另一方面，在认罪认罚从宽制度下，检察机关肩负起主导责任，在侦、诉、审之间塑造出新的分工与制约模式。通过将程序性分工与制约融入法律实施的各个环节，刑事诉讼体系以一种“持续在场”的方式直接影响法律实施的全过程，从而在理论上具有遏制一切可能导致法律执行和法律适用异化的可能，将有效地保障《宪法》和法律常态化的正确实施。

检察机关在刑事司法中制约价值的独立性体现在以下方面：第一，检察权制约价值的先进性和不可替代性。国家权力的平衡需要通过权力在运行中进行相互制约来实现，这种权力制约价值体现了公权力规范运行对于人民民主和法治国家的重要性。作为独立的权力形态，检察权在国家权力体系中的独立性保证了权力制约价值的现实成效，检察权的引入使公权力之间形成了互相制约的体系，这是刑事诉讼中公权力互相制约形式完善的体现。侦查权、检察权、审判权之间的互相制约依托刑事诉讼程序的实施，三项权力在互相制约中所处的阶段、功能承载和表现形式各不相同。早期的审判权运行、侦查权运行及其之间的衔接程序，不足以在权力之间形成对冲性，也就难以得到一个权力充分制衡的格局。在刑事诉讼中，侦查权在强大的国家权力的支持下，其权力行使的主动性、排他性和权力保障的国家性、强制性，使侦查权逐渐发展成为一种强势的权力，特别是侦查权在对人身权和财产权进行限制的过程中，也可能出现权力滥用以及由此带来的个人权利被侵害的问题。与此同时，审判权的终极性一方面使司法成为定分止争的最后方式，权利关系经审判而被确认；另一方面也对司法的公正性提出更高要求，审判权滥用的风险同样需要防范，控审分离的内在诉求也越来越强烈。因此，这在客观上要求进一步细分权力，创造一项新的权力镶嵌在侦查权与审判权之间，形成相互制约的权力体系。检察权作为程序性权力，运行于审判权和侦查权之间，通过程序制约功能，发挥对诉讼中不同权力的平衡作用。在侦查权的强制性和审判权的终极性之间，检察权发挥着具有承转意义的制约作用，其在刑事诉讼中不同公权力之间的互相制约中具有先进性和不可替代性。

第二，检察权制约价值的冲突性和矛盾统一性。尽管检察权的引入对刑事诉讼整体权力进行了切分，但并未消除检察权作为公权力的权力属性及其权力特性，因而也引发了检察权本身是否会造成权力滥用的理论探讨。因此，在策略层面上，通过职能权责配置和规范规则设置的路径，来框定检察官的权力、义务、责任，检察权更加符合其作为制约权的权力本质。进言之，在刑事诉讼中，所有公权力行使者都应当秉持客观公正立场，无一例外。这种客观义务所产生的制约价值在检察官这一角色上得到了最为充分的体现。这也源于职能权责配置所带来的检察权权力自身的冲突性：一方面，检察官作为刑事犯罪的指控者，在刑事司法中致力于搜集证据、打击犯罪；另一方面，检察官又扮演法律守护者的角色，负有维护正义、保障人权的法定义务。从刑事侦查到刑罚执行，检察权运行贯穿刑事司法始终，检察在刑事诉讼中承担着主导责任，因此现代刑事诉讼程序又被称为“检察官的程序”[①]。在追诉犯罪过程中，检察官既要积极指控犯罪，又需要维护犯罪嫌疑人的合法正当权益。“检察官客观义务之所以能够取得历史性的合法地位，最根本的原因在于它依照现代国家的权力与法律逻辑，实现了国家权力现代性与合法性建设的目的”。[②] 因此，“‘客观的法律守护人’的主张能够战胜

---

① 参见万毅：《检察官客观义务的解释与适用》，载《国家检察官学院学报》2015 年第 6 期。

② 郭松：《检察官客观义务：制度本源与实践限度》，载《法制与社会发展》2009 年第 3 期。

‘主观的—造诉讼当事人’，主要是因为它契合了当时国家权力建设的基本技术趋势——一套有目的的、约束性的、持续的且可以调节的规范；以及一套专门进行制定、实施和执行这些规范的机构”。[①] 检察权制约价值通过检察官客观义务将追诉犯罪和人权保障由此达彼，在对立中融合。

二、在民事行政法治实施体系中的救济价值

权利救济理论与现代检察权的生成密切相关,[②] 检察权在民事行政法治实施体系中产生救济价值。检察权的行使常常具有监督与救济的一体两面性，民事行政检察通过诉讼监督和执行监督，保障法律正确实施与权利救济。如最为典型的民事行政抗诉行为，总是伴随审判监督与私权救济的交融，难以截然分开。“抗诉对当事人的救济往往通过纠正审判错误来实现，而抗诉对审判权的监督也可能引发当事人受损权益的恢复，故从客观效果看，抗诉的救济作用与监督作用常常是交织的”。[③] 民事行政诉讼监督是对公权监督和私权救济的统筹，在监督体系之外，民事行政检察还具有权利救济价值。法律监督固然是公权力针对公权力而实施，但法律监督自身并不是目的，法律监督服务于更深层次的目的，救济可以成为监督的动因和目的。[④]

民事法律的修改强化了民事检察的救济价值。2012 年修正的《民

---

① ［美］贾恩费朗哥·波齐：《国家：本质、发展与前景》，陈尧译，上海世纪出版集团 2007 年版，第 119 页。

② 参见冯景合：《检察权及其独立行使问题研究》，中国检察出版社 2012 年版，第82 ~ 84 页。

③ 许尚豪：《论监督型民事抗诉制度的回归及路线》，载《法律科学（西北政法大学学报）》2020 年第 2 期。

④ 参见宋小海：《论民事抗诉制度构造与功能的嬗变》，载《浙江社会科学》2017 年第 5 期。

事诉讼法》在第 209 条新增规定了当事人向检察机关申请检察建议或抗诉的程序；第 200 条、第 208 条细化了再审、抗诉事由，保持了当事人申请再审事由和抗诉事由之间的统一性；在第 209 条新增规定了检察机关对当事人监督申请的审查和回应义务等。无疑，这些规定都进一步强化了民事检察的救济价值。调整民事检察监督制度的功能定位，将当事人申诉事由与检察院抗诉事由予以统一，是对当事人申请再审和检察院民事抗诉这两个制度的一种有意识的“糅合”和无意识的“混同”，使检察院分担原来由法院承担的部分权利救济职能，可以在人民法院之外为当事人增加一个权利救济的渠道。[①] 正如研究者表明，“民事申诉的直接目的是请求人民法院或申请人民检察院履行监督职能促使人民法院启动再审程序，纠正当事人认知中的‘错误’裁判，救济其在该‘错误’裁判中未能得到司法救济的合法权益，获得实体法上的具体法律地位或具体法律效果，请求权利保护和权利救济是其本质要求”。[②]

行政检察的实质监督属性导出行政检察的救济性。一方面，行政检察虽然不直接处分实体权利，但也不仅仅是简单的程序监督或形式监督。相反，由于无法直接处置实体权利，行政检察以实质监督为核心，以加强行政争议的实质解决为目标。另一方面，行政检察监督案件数量有限，要发挥检察监督的效力，就必须依赖实质监督的质量，找到争议的焦点和当事人的实际诉求，并加以解决。[③] 行政检察的实质监督直接通过处理程序问题来重新分配实体权利和义务，这自然使行政检察具有

---

① 史溢帆：《从法制统一到权利救济：当代中国民事检察监督制度的功能变迁》，载《兰州大学学报（社会科学版）》2016 年第 3 期。

② 金石：《论民事申诉与民事检察监督的关系协调》，载《甘肃社会科学》2021 年第 6 期。

③ 参见张相军、何艳敏、梁新意：《论“穿透式”行政检察监督》，载《人民检察》2021 年第 10 期。

救济性。

行政诉讼通过对行政权的间接监督也提升了行政检察的救济性。2014 年 11 月修正的《行政诉讼法》共有两个条文涉及检察监督，这两个条文主要是对行政诉讼中审判权的监督。而司法解释则将检察机关对审判权的监督延伸到行政权中。2016 年通过的《人民检察院行政诉讼监督规则（试行）》（已失效）第 34 条规定，“人民检察院办理行政诉讼监督案件，发现行政机关有违反法律规定、可能影响人民法院公正审理的行为，可以向行政机关提出检察建议，并将相关情况告知人民法院”。本条文表明，行政诉讼监督的客体不仅包括法院的审判行为，还包含对行政权的监督。检察权通过行政诉讼的闭合程序对行政权的合法性进行间接监督。行政诉讼检察监督没有完全局限于诉讼监督，其更着眼于通过行政诉讼监督达到对行政权的监督，进而也提升了行政检察的救济性。

此外，作为深化行政检察的重要制度创新，行政争议的实质性化解也扩展了行政检察的救济功能。行政争议的实质性化解使行政检察不再局限于监督行政诉讼，还延伸至解决定性争议。中共中央《关于加强新时代检察机关法律监督工作的意见》提出了检察机关行政争议实质性化解促进“案结事了”的目标。这意味着检察机关对争议案件进行法律评判，并在此基础上进行纠错和权利救济。实质性化解行政争议要求司法机关把解决行政争议、权利救济、监督行政有机地结合起来，从而实现主观公权利救济与客观法秩序维护的统一。[①] “‘实质性化解’的

① 参见邓刚宏、刘乐：《“穿透式”实质性化解行政争议的理论逻辑与实践路径》，载《贵州社会科学》2024 年第 4 期。

实质在于通过促进和解的方式除去行政争议，其本质是权利救济”。[①] “‘实质性化解’的实质在于以促进和解的方式，对行政相对人进行权利救济，满足其受侵害的合法权益，进而消除争议，使‘实体法律关系问题皆得到处理，再没有启动新的法律程序的标的物’”。[②] 对于行政争议实质性化解而言，其救济性甚至超越了监督性。与其他行政检察监督活动相比，行政争议实质性化解体现出更强的主动性（不同于司法的被动性）、权利救济性（不同于权力的监督性）以及人民性和社会性（不同于监督对象的公权力属性）等特点。[③]

民事行政检察的救济性不仅体现于诉讼程序中，监督程序中的民事行政检察也体现出强烈的救济性。作为民事权利救济的手段，民事权利在执行环节能否得到保障是司法救济价值能否实现的最终检验。2016年“两高”联合出台的《关于民事执行活动法律监督若干问题的规定》第3条规定了检察机关对法院执行生效民事判决、裁定、调解书、支付令、仲裁裁决以及公证债权文书等法律文书的活动实施法律监督。检察机关通过监督法院执行部门规范其执行行为，对执行过程中各种不作为与乱作为现象进行监督，保证司法裁判文书所确认的权利最终得以实现。

检察权在民事行政司法中的救济价值与审判权不同，检察机关的权利救济功能并不是完全意义或典型意义上的私权救济。“《民事诉讼法》第216条虽然把申请检察建议和抗诉作为当事人申请再审的一道后置程

---

① 安兵、陈冰如、程荣、汪松林：《行政争议实质性化解检察参与机制的解释论研究》，载《西北民族大学学报（哲学社会科学版）》2021年第3期。

② 安兵、陈冰如、程荣、汪松林：《行政争议实质性化解检察参与机制的解释论研究》，载《西北民族大学学报（哲学社会科学版）》2021年第3期。

③ 参见刘学涛、葛飞、潘昆仑：《行政争议实质性化解检察机制的价值定位及路径分析》，载《中共银川市委党校学报》2022年第3期。

序和可选择的诉讼环节，使其成为当事人申请再审的救济程序，但是检察机关仍然主要作为法律监督机关发挥对审判权的监督功能，并不承担实体性的私权救济功能”。[①] 检察救济与审判救济的差异性主要体现在以下三个方面：第一，检察机关通过参与诉讼和保障诉讼依法进行来实现权利救济，而审判机关则作为裁判主体来实现权利救济；第二，检察机关通过权力监督间接实现权利救济，而审判机关通过纠纷处理直接实现权利救济；第三，检察机关开展民事行政司法监督客观上产生了权利救济的效果，检察机关的权利救济价值具有从属性。[②]

第二节　在现代化监督体系中的独立价值

从“对司法活动的法律监督”[③] 到“法治监督体系”[④]，再到“党和国家监督体系”[⑤]，我国逐渐探索形成了以人大监督、检察机关法律监督、监察监督、行政复议机关的监督等构成的完整的现代化监督体

---

① 张雪樵、万春、王轶主编：《民事检察业务》，中国检察出版社 2002 年版，第 11 页。

② 参见张雪樵、万春、王轶主编：《民事检察业务》，中国检察出版社 2022 年版，第 10 页。

③ 《中共中央关于全面深化改革若干重大问题的决定》，2013 年 11 月 12 日中国共产党第十八届中央委员会第三次全体会议通过。

④ 《中共中央关于全面推进依法治国若干重大问题的决定》，2014 年 10 月 23 日中国共产党第十八届中央委员会第四次全体会议通过。

⑤ 《中共中央关于坚持和完善中国特色社会主义制度　推进国家治理体系和治理能力现代化若干重大问题的决定》，2019 年 10 月 31 日中国共产党第十九届中央委员会第四次全体会议通过。

系，旨在“强化对权力的制约和监督”[①]。作为《宪法》规定的法律监督机关，检察机关通过对规范性法律文件和执法司法活动的实施要符合现代化要求的法律监督，与其他监督形式共同推动形成结构性的功能秩序。

一、具体化落实宪法监督的价值

当前，我国《宪法》正进入实施和监督实施的历史新阶段，宪法监督在程序机制体制制度层面的要求越来越高。从党的十八届三中全会提出“要进一步健全宪法实施监督机制和程序”，到党的十九届四中全会提出“健全保证宪法全面实施的体制机制”，再到党的二十大报告提出“健全保证宪法全面实施的制度体系”，直到党的二十届三中全会提出“必须全面贯彻实施宪法，维护宪法权威，协同推进立法、执法、司法、守法各环节改革……全面推进国家各方面工作法治化”；从“宪法实施监督”到“宪法全面实施”，从“健全机制和程序”“健全体制机制”到“健全制度体系”，我国《宪法》实施进入以“全面实施”为目标，以“实施和监督实施”为内容，以“制度体系建设”为总抓手的历史新阶段。[②]《宪法》的实施依赖于合宪性审查程序的建立和完善，通过对规范性法律文件合宪性、合法性的监督，维护宪法权威。

《宪法》的实施和监督实施是现代化监督体系的重要组成部分，对于监督主体和监督方式的落实已经成为当务之急。作为《宪法》规定的法律监督机关，检察机关在加强《宪法》实施和监督方面有其特定

---

① 《中共中央关于坚持和完善中国特色社会主义制度　推进国家治理体系和治理能力现代化若干重大问题的决定》，2019 年 10 月 31 日中国共产党第十九届中央委员会第四次全体会议通过。

② 参见王旭：《健全保证宪法全面实施的制度体系及其展开——党的二十大报告中“加强宪法实施和监督”精神解读》，载《法学家》2023 年第 1 期。

的责任和价值。检察机关作为《宪法》和法律的守护者，必须发挥其在宪法监督和维护国家法制统一方面的职能作用。[①]

作为宪法层面的法律监督机关，检察机关启动合宪性审查程序具有合法性和正当性。通过激活检察机关协助最高国家权力机关行使宪法监督的职能，将检察权明确定位为提起合宪性审查的专门权力，可以切实解决我国现行合宪性审查中法律合宪性得到切实落实不足、合宪性制裁措施的制裁性或惩罚性不够等问题。[②] 这一举措提供了解决这两个症结的“钥匙”。[③]

法律实施与《宪法》实施的一致性是法律监督机关的核心内涵，而在此基础上，确保法律的正确实施则是其完整的使命。《立法法》规定最高人民检察院享有对行政法规、地方性法规、自治条例和单行条例的合宪性和合法性的提起审查权。当前，最高人民检察院已明确将提起审查权纳入自身工作职责范围内，并且未来将有效结合到检察机关的日常工作职责中。[④] 检察机关对规范性法律文件的合宪性和合法性进行监督，通过在立法层面规范权利义务关系，对不特定对象进行监督，进而通过法律的普遍适用来推动宪法监督，以维护宪法权威。

二、整体性落实诉讼监督的价值

人民检察院的法律监督权是基于司法监督运作的，以诉讼监督的方

---

① 参见魏晓娜：《依法治国语境下检察机关的性质与职权》，载《中国法学》2018 年第 1 期。

② 参见安政：《论我国违宪审查制度中的检察权》，载《国家检察官学院学报》2007 年第 6 期。

③ 参见安政：《论我国违宪审查制度中的检察权》，载《国家检察官学院学报》2007 年第 6 期。

④ 参见朱全景、赵丹：《合宪性审查提请机制的完善——兼论检察机关宪法定位的充分落实》，载《法学杂志》2019 年第 6 期。

式直接参与和监督诉讼活动是其区别于其他监督主体的显著特征。[①] 监督承担了人大监督职能具体化的特定价值，强化诉讼监督成为检察机关落实《宪法》规定的法律监督职能的重要选择。[②] 检察机关通过对诉讼活动中的国家公权力进行监督，实现了人大监督的有效落实。我国民事、行政、刑事诉讼法分别规定了人民检察院对民事诉讼、行政诉讼、刑事诉讼实行法律监督原则，《人民检察院组织法》将"对诉讼活动实行法律监督"确立为检察机关的基本职责。这一监督体系将对监督诉讼活动中涉及的侦查权、调查权、审判权、执行权等公权力的监督赋予检察机关，使诉讼监督成为支撑起检察机关作为法律监督机关的主要形式。党的十八届四中全会通过的《中共中央关于全面推进依法治国若干重大问题的决定》则强调，"完善检察机关行使监督权的法律制度，加强对刑事诉讼、民事诉讼、行政诉讼的法律监督"。

诉讼监督贯穿刑事诉讼全过程，在民事诉讼和行政诉讼中也具有广泛的监督范围。刑事诉讼监督包括对公安机关、国家安全机关、审判机关、监狱、看守所、司法机关的刑事司法执法活动等的监督。在诉讼阶段上，检察机关的法律监督贯穿于刑事诉讼的始终，涵盖了刑事立案监督、侦查活动监督、审判活动监督、刑罚执行活动和看守所监管活动监督等。[③] 与之匹配，在刑事诉讼监督中，检察机关被赋予了包括抗诉权或者提请再审权的上诉权，审查逮捕（羁押必要性）权、纠正违法权等。在民事检察方面，民事诉讼监督取代了2012年《民事诉讼法》修

---

① 王楚翘、王勇：《权力结构调整背景下法治监督的架构与逻辑》，载《中共福建省委党校（福建行政学院）学报》2023年第3期。

② 参见王海军：《"法律监督机关"的立法内涵、演进逻辑及内在机理》，载《现代法学》2022年第1期。

③ 参见童建明、孙谦、万春主编：《中国特色社会主义检察制度》，中国检察出版社2022年版，第325页。

正前的民事审判监督，对裁判结果、执行活动和审判人员违法行为进行监督。相应地，检察权能的配置范围进一步扩大，立法在抗诉权和再审检察建议权之外，还赋予检察机关在民事诉讼监督中包括调阅卷宗权和书面了解情况权在内的调查核实权。在行政检察方面，不仅是2014年《行政诉讼法》修正后将审判监督扩展至整个行政诉讼活动，更是在诉讼外领域创新发展了行政检察监督。同时，法律还将司法人员职务犯罪立案侦查的管辖权赋予检察机关，成为诉讼监督的刚性保障。

三、补充式落实行政违法行为监督的价值

当前，针对行政权的既有监督体系仍存在一定的局限性，这也强化了检察工作在行政违法行为监督方面的独立价值。党的二十届三中全会强调“深入推进依法行政……健全行政执法监督体制机制”，更是为检察机关开展行政检察监督工作指明了新的方向。既有针对行政权的监督主要包括权力性监督、自律性监督、司法性监督、政治性监督等监督类型，但是上述监督对于规范行政权运行都有其自身局限性。第一，行政权的权力性监督。作为最高层次的监督，人民代表大会及其常务委员会的监督具有一定的抽象性和间接性。这种最高监督具有的抽象性和间接性，决定了最高监督必须通过下位监督将其监督目标进行分化实施，下位监督权之间必须形成互为补充的监督格局。第二，行政权的自律性监督。由于行政复议的自体性特征，其在实践中具有无法克服的局限性。同时，行政复议机关本身的中立性和独立性也不足。我国行政机关的许多决定都是依据上级行政机关或者所属的同级人民政府制定的方针、政策作出的，更有一些决定是在请示上级行政机关或本级政府后作出，这种行政机关运行中的密切关系消解了行政复议机关在解决纠纷时所应当具备的中立性和独立性，降低了行政机关自我监督的实效。第三，行政

权的司法性监督。在行政诉讼中，审判机关通过要求行政机关承担举证责任等对行政权进行监督，但囿于行政审判中遵循有限审查原则，行政权的司法性监督也具有较大局限。第四，行政权的政治性监督。也正是因为监察权的反腐败监督权的定位，其对行政权的监督相应产生了结构上的缺憾，《监察法》则将行政违法行为排除监督范围之外，只对行政人员进行监督。检察权作为一项调节性权力，就是要对行政权监督的留白地带进行结构性和补充性监督。

检察机关通过对行政违法行为的直接监督，补强行政监督的“短板”。自党的十八届四中全会提出强化对行政权力的制约和监督到行政公益诉讼制度入法，检察机关对行政权的监督从通过行政诉讼对行政权进行间接监督发展到对行政权进行直接监督。检察机关对行政权的直接监督在相当程度上填补了诉讼监督与法律监督之间的差值。“人民检察院作为行使一般监督职权的原始主体，当今在既有的法律监督职权范畴内，继续履行具有一般监督性质的职权，并根据职权归属的历史本源和实践传统，成为一般监督制度现代形态中的核心部分”。[①] 从对行政权监督的结构完整性和合理性角度而言，在人大监督、监察监督、法院监督、检察监督、行政机关内部监督的国家行政监督体系中，检察监督通过行政检察、行政诉讼监督、提起行政公益诉，主要开展针对行政违法行为的监督。检察监督可以弥补人大监督在具体性、微观性和日常性监督方面的不足，填补监察监督对机关组织行为监督的缺失，以及打破法院监督和行政公益诉讼在受案范围上的限制。[②] 同时，检察监督在自主性、法律性和灵活性方面具有独特优势。在监督行政权方面，检察机关

---

① 王海军：《一般监督制度的中国流变及形态重塑》，载《中外法学》2023 年第 1 期。

② 参见陈家勋：《行政检察：国家行政监督体系中的补强力量》，载《现代法学》2020 年第 6 期。

能够发挥与其他监督主体不同的独特优势。检察监督可以填补行政监督体系中的缺陷，弥补其他监督的不足，也可以协助其他监督工作，提升整体监督水平，强化监督网络体系化建设。[①]

第三节　在国家治理体系中的独立价值

从逻辑关系上看，法治既是国家治理体系和治理能力现代化的重要标志，同时也是实现国家治理体系和治理能力现代化的必要条件。[②] 所谓治理，“是指在一个既定的范围内运用权威维持秩序，满足公众的需要。它的目的是在各种不同的制度关系中运用权力去引导、控制和规范公民的各种活动，以最大限度地增进公共利益”。[③] 法治治理主要表现形式之一为司法的治理，司法治理在国家治理现代化过程中具有独特地位和作用，它是构成现代社会秩序的重要基础，是国家进行社会控制的基本途径，是现代社会实现社会整合的有效形式。[④] 检察权的运行过程贯穿着法律的精神和原则，通过法律理性的传递促进不同国家治理系统及其相互关系的规范化和制度化，通过规则的运用为人们的行为提供预期，在根本上促进形成国家治理体系的系统性秩序。

---

① 参见陈家勋：《行政检察：国家行政监督体系中的补强力量》，载《现代法学》2020年第6期。

② 廖永安：《在法治轨道上全面建设社会主义现代化国家》，载《光明日报》2022年11月17日，第6版。

③ 俞可平主编：《治理与善治》，社会科学文献出版社2000年版，第9页。

④ 参见程竹汝：《国家治理体系现代化进程中的司法治理》，载《中共中央党校学报》2014年第3期。

一、通过公益诉讼维护公共利益和特定群体权益

党的十九届四中全会通过的《中共中央关于坚持和完善中国特色社会主义制度 推进国家治理体系和治理能力现代化若干重大问题的决定》，提出要“拓展公益诉讼案件范围”和“完善生态环境公益诉讼制度”，是通过法治进行国家治理的重要面向，彰显了公益诉讼在国家治理体系中的特殊价值。检察公益诉讼是以法治思维和法治方式推进国家治理体系和治理能力现代化的重要制度设计，其创新性在于形成了牵连深广、多层嵌套的复杂网状治理结构，同时关涉行政权、司法权、立法权及公民权，构成国家治理体系中的重要一环。① “检察公益诉讼通过司法化的程序设计，激活、弥补现有制度机制中失灵、僵化、缺漏的环节，织密、织牢国家治理的制度体系，让其更加完整、完善、有效，从而在法治轨道上推进国家治理体系和治理能力现代化”。②

在民事公益诉讼方面，检察机关积极与相关社会组织沟通，引导、支持、建议符合条件的社会组织提起公益诉讼，并在法律咨询、证据收集等方面提供专业支持和帮助，在没有法律规定的机关和有关组织或者法律规定的机关和有关组织不提起诉讼的情况下，检察机关可以向人民法院提起诉讼，有利于形成行政机关、社会公益组织、司法机关共同保护公益的格局。③ 在刑事附带民事公益诉讼中，检察机关通过程序整合促进法益和公益保护职能的综合履职，有利于提升司法治理的效能。较

---

① 参见刘艺：《我国检察公益诉讼制度的发展态势与制度完善——基于2017—2019年数据的实证分析》，载《重庆大学学报（社会科学版）》2020年第4期。

② 孙谦：《中国特色检察公益诉讼的制度与实践》，在第三届中国国家制度研究高峰论坛上的发言，2023年4月2日于浙江杭州。

③ 参见张雪樵、万春主编：《公益诉讼检察业务》，中国检察出版社2022年版，第18页。

为典型的例如横跨公法的刑事犯罪和私法民事侵权的个人信息保护方面，以及在生态环境和资源保护、食药领域众多消费者合法权益保护等方面，刑事附带民事公益诉讼在公共利益的保护方面发挥着重要的保障作用。在行政公益诉讼方面，检察机关通过检察建议和提起诉讼等方式，不仅敦促行政机关纠正违法行为、依法履职，还能够统筹其他治理主体形成监督合力，提升整体治理效能。尤其是检察机关通过行政公益诉前程序在机制制度治理层面的创新，促推检察机关深度参与国家治理。正如学者所言，“检察公益诉讼是一种协同式、监督式、参与式的司法治理”。①

二、通过刑事司法政策推动从治罪到治理的转变

随着法定犯时代的到来，对犯罪的宏观政策由犯罪惩治转向犯罪治理，“治理型司法”② 由此形成。司法规律支配下形成的世界范围内“放弃审判制度”③ 趋势，也决定了包括我国在内的检察机关在刑事诉讼中承担着越来越多的主导责任。检察机关通过谦抑适用刑事强制措施和减少羁押，依法充分适用实体不起诉、程序不起诉裁量制度和非刑罚处罚措施，加大规模化出罪的机会和力度，发挥刑事检察在社会治理中的作用。刑事检察越来越重视对法定犯犯罪行为的积极一般预防，并因此强调在刑事司法中实行分级处遇，以强化对不法行为的规制，从而更有效地节约司法治理资源。在国家治理体系中，刑事司法治理承担着专业性、规制性和强制性的重要角色。检察机关以认罪认罚从宽制度为依

---

① 易小斌：《检察公益诉讼参与国家治理的实践面向》，载《国家检察官学院学报》2020 年第 6 期。

② 李红勃：《通过政策的司法治理》，载《中国法学》2020 年第 3 期。

③ 熊秋红：《比较法视野下的认罪认罚从宽制度——兼论刑事诉讼“第四范式”》，载《比较法研究》2019 年第 5 期。

托，实行缓和的刑事制裁机制，为刑事治理的刚性和国家治理现代化的进一步沟通融合提供了制度基础。

刑事检察在新时代社会治理中取得了成效，具体表现在以下三个方面：第一，刑事检察降低了社会治理成本并提升了治理效率。作为社会治理的一部分，刑事检察应当分担社会治理的任务，而非相反。过度的犯罪化和刑罚化可能导致产生各种副作用，增加社会治理成本，降低社会治理效率。在有效的社会治理下，刑事司法制度服务的主要对象是大多数人，而不是越来越多的人成为刑事检察的打击对象。在从治罪到治理的转变中，刑事检察更多地担任社会矛盾化解者的角色。第二，刑事检察贯彻和延续了刑法的谦抑性。在现代社会治理模式下，民事司法是社会治理的主要参与者，而刑事司法则恪守其保障性定位。刑事检察通过施行宽严相济的刑事司法政策，贯彻和延续了刑法的谦抑性。第三，刑事检察有助于树立刑罚权威。过重的刑罚会减弱人们对刑罚的敏感性，超越合理适用尺度的刑罚会削弱其威慑功能。刑事检察的发展有助于树立刑罚权威，使刑罚能够始终保持其边际威慑功能。

第二章

检察工作现代化的内在规定

第一节　具备司法和法律监督的时代品格

一、具备权利品格

对权利的治理是中国式现代化的重要面向。权利发挥对于权力的制约功能是社会治理体系健康发展的极为重要的方面，而这又与社会本身的发展密不可分。社会是形成优质优构的公民权利体系的前提，[①]“正是社会的勃兴及与国家的分离运动造就了多元社会权利对国家权力的分解、平衡和控制机制，同时承载着契约、自由、权利和正义的价值诉求，从而使权力得到根本性的制衡、权利得到根本性的保障”。[②]只有由社会发展形成的具有一定结构的权利体系才能与权力制约形成抗衡。在合理的社会机理下，“国民以公民主体身份、以权利性姿态、以制度化方式参与当代中国的法治建设进程，它触及当代中国法治的根本政治正当性基础何在、主要推动力量为何、采取何种实现路径方式等有关中国法治发展的重大政治主题”。[③]“权利支配着当代对何种行动是容许的以及哪些制度是正义的理解”。[④]由此，如何通过权利切入，解决传统权力运作中结构失衡、制约缺失等根本问题，也是国家治理现代化面临的重要任务。

权利保护是检察工作现代化的应有之义。随着权利救济方式从私力

---

① 参见郭道晖：《社会权力与公民社会》，译林出版社2009年版，第225页。

② 张莹：《公民社会成长：俄罗斯法治进程的关键变量》，载《北方论丛》2013年第1期。

③ 瞿郑龙：《当代中国法制的政治逻辑》，吉林大学2015年博士学位论文，第317页。

④ ［英］莱夫·韦纳：《权利》，瞿郑龙、张梦婉译，上海三联书店2020年版，第21页。

救济发展到公力救济，司法机构的出现成为不可或缺的一环。从公权优位到私权本位的转变，反映了司法文明的现代性。法治的核心在于约束权力和保护权利，作为法律监督机关，检察机关更是需要将权利保护作为检察工作现代化的必备品格。法律监督的根本目的在于为公民的权利提供充分的司法保护。检察权最初被认定为一项程序性权力，其设定初衷和最终目的都是制衡权力、保障权利。因此，检察机关在履行职责时应积极维护公民的合法权益，确保司法程序的公正和权利得到有效保障，这也印证了“经由程序的基本权利保障”的经典法治观念。“法治语境下的法律监督，必须透过现象看本质，以公民基本权利保护为切入点”。[①] 从我国检察制度的发展史来看，自 20 世纪中后期以来，中国的检察制度受到了根植于英美法系国家的权利保护理念和权利保护模式的影响，不断加强了诉讼中的人权保障。进入新时代，我国社会主要矛盾发生了变化，这本质上反映了人民对权利的更高层面的追求。党的二十届三中全会强调坚持正确人权观，对如何加强人权执法司法保障提出更高要求。因此，需要检察权在通过诉权保护公益的过程中提高公民和社会组织参与的有效性，不断促进社会权利体系的成熟，从而发挥社会权利在权力制衡方面的优势，尤其在选择性制约和不平衡制约等方面。检察权具有人权保障和权利救济的双重使命，因此，现代化进程中的检察工作必须具备强烈的权利品格。

在“四大检察”领域，检察工作无时无处不体现着权利品格。在刑事法律关系领域，检察官的客观义务决定了检察机关在人权保障方面的天然使命。现代法治国家的刑事司法不仅要打击犯罪和维护社会秩序稳定，还必须平衡法治赋予其的新目标——避免被追诉人受到国家公权

---

① 魏晓娜：《依法治国语境下检察机关的性质与职权》，载《中国法学》2018 年第 1 期。

力滥用的侵害。权力的放开与限制、行使与监督的冲突是刑事诉讼中矛盾的一个方面，而公权力与私权利的内在紧张关系则是另一个方面，是刑事诉讼中最突出、最主要的内在冲突。在民事法律关系、行政法律关系以及公益诉讼法律关系领域，特别需要加强对灰色地带、薄弱环节权利和弱者权利、新兴权利的保护。《中共中央关于全面推进依法治国若干重大问题的决定》提出的“完善对涉及公民人身、财产权益的行政强制措施实行司法监督制度”，表明了顶层设计对于新时代检察工作在权利保护方面的新诉求。相对于刑事诉讼中的被追诉人的权利来说，公民的行政权利和民事权利更为广泛。当前，民事、行政领域的权利保护和公共利益保护与刑事领域的保护尚不平衡，权利和公共利益在民事、行政领域的保护不平衡导致了权利保护的缺失，在国家治理体系中的直接效应表现为社会权利的不足。因此，检察权在民事和行政司法领域的权利品格更应与新时代社会发展水平相匹配。

二、具备程序品格

程序正义是现代法治的基础性观念。① 程序正当既是法治现代化的重要标志，亦是司法现代化的前提和基础。“程序上的调整功能，就是让不同的诉求、主张以及价值判断在对等的条件下竞争，使其中最有说服力、最能得到多数支持或者专家认可的选项成为法律决定的结果，使判决具有理性权威。能够充分发挥这种调整功能的程序就被称为公正程序，公正程序本身具有齐步权威，使当事人在法律武装上能够对等”。②

---

① 参见季卫东：《法律程序的意义——对中国法制建设的另一种思考》，载《中国社会科学》1993 年第 1 期。

② 季卫东：《论法制的权威》，载《中国法学》2013 年第 1 期。

“公正的法律程序具有一种‘结果正当化的能力’”。[①] 程序正义不仅是法治永恒的追求，也蕴含着现实世界中人们对于司法权运行的最深切的期待。程序公正在一定程度上可以超越空间、超越时间、超越主观、超越自由裁量，程序公正与实体公正相比更具绝对性，能够为实现实体公正提供良好保障。[②] 在法治现代化进程中，公权力及其运行中对程序品格的要求会越来越高，这一方面基于程序在维护司法权运行中的公平正义方面不可撼动的地位，另一方面，随着法治现代化程度的提高，人们对于程序公正的预期和厚望也会不断提升。

程序对于法律秩序的作用主要表现在以下几个方面：第一，对各种主张和选择可能性进行过滤，找出最适当的判断和最佳的决定方案；第二，给予当事人充分的、平等的发言机会疏导不满和矛盾，避免当事人采取激励的手段来压抑对抗倾向；第三，既排除决定者的恣意，又保留合理的裁量余地；第四，司法决定不可能实现皆大欢喜的效果，因而需要吸收部分甚至全体当事人的不满，程序要件的满足可以使决定变得容易为失望者所接受；第五，程序参加者的角色分担具有归责机制，可以强化服从决定的义务感；第六，司法机关通过法律解释和事实认定，作出有强制力的决定，抽象的法律规范变成具体的行为指示；第七，程序通过决定者与分担角色的当事人之间的相互作用来进行合理的选择，在一定程度上可以改组法律体系的结构，实现重新制度化，至少变法的必要性容易被发现；第八，法律程序可以减轻决定者的责任风险，从而也减轻了请示汇报、重审纠偏的成本负担。[③] 因此，司法机关通过法律程

① 丁建峰：《博弈论视角下的过程偏好与程序正义——一个整合性的解释框架》，载《北京大学学报（哲学社会科学版）》2019年第3期。

② 参见李乐平：《程序公正为实体公正提供良好保障》，载《检察日报》2016年10月14日，第3版。

③ 参见季卫东：《法治秩序的建构》，商务印书馆2019年版，第35～36页。

序对权利进行规范性保护成为法治现代化的标志。

检察权对程序性的要求更高。无论是不同法系还是不同政治权力结构下的检察权，其主要通过诉讼程序的启动和终结来解决法律实体问题，分化和制衡权力是程序的核心要义，据此，检察权主要是一项程序性权力。程序性是检察权运行的主要特征，其意味着检察机关的法律监督必须遵循《宪法》、《人民检察院组织法》、诉讼法等法律规范规定的程序要求，且检察机关的法律监督通常只会引发相应的程序性法律效果。“国家以法的形式分配统治管理的各项权能后，为了最大限度地预防、减少官僚腐败，需要运用法律，授权产生另一种可与其抗衡、制约的权力，维护权力之间的平衡，维护国家法制的统一，维护国家司法的公正性、民主性”。[①] 这种权力就是检察权，可以说，通过程序对权力的制约是检察制度最初产生的根本动机。

特别是在刑事诉讼程序中，检察权作为上承侦查权下启审判权的中间环节，其程序的特殊性最为明显。因此，检察权比任何其他权力更需要涵养程序品格。尤其是随着认罪认罚从宽制度的实施，其协商合作的司法模式在现实中存在着弱化程序正义的可能，这更需要检察工作在现代化的过程中增强其程序品格。那么，现代程序应该如何使选择合乎理性？

首先，程序的结构主要是按照职业主义的原则形成的，检察职业主体的专业训练和经验积累使角色担当者的行为更加合理化和规范化。其次，程序一般是公开进行的，决策过程中出现的错误容易被发现和纠正。再次，程序创造了一种根据证据资料进行自由对话的条件和氛围，这样可以使各种观点和方案得到充分考虑，实现优化选择。最后，通过

① 吴国贵：《我国检察权之独立法权属性再探讨——从法理学权力维度考察》，载个人图书馆 2024 年 3 月 1 日，http：//www. jcrb. com/zyw/n477/ca334807. htm。

预期结果的不确定性和实际结果的拘束力这两种因素的作用，程序参加者的积极性容易被调动起来。[①] 以周延性和体系性为主要形式标准和以公正、和谐、效率为主要价值标准的现代化司法程序，[②] 对应于检察工作现代化中即要求检察程序具备法定性、逻辑性、时效性和公开性，用以支撑“四大检察”和各项检察业务的规范运行。检察程序在保障实体公正、将纠纷纳入司法轨道并为司法程序外的纠纷解决提供参考与示范，以及以最小司法投入获得最大司法效益等方面具有重要价值。

三、具备公正品格

公正是司法工作的灵魂，是维护法律权威和社会公平正义的基本准则。自人类社会出现公正与不公正的问题以来，正义一直被视为人类社会的崇高理想。“古今中外的人们对法律的期望，大多聚焦在‘司法能不能实现公平正义’上”。[③] 正义就是法的实质和宗旨，法只能在正义中发现其适当和具体的内容，也只有在正义中才能显现其具体的价值。正义是法律的基本标准和评价体系，同时也极大地推动了法律的进化。正义形成了法律精神上进化的观念源头，促进了法律地位的提高，推动了法律内部结构的完善，也提高了法律的实效。在中国式法治现代化进程中，“公平正义是社会主义法治建设的根本目标，法治的全过程就是公平正义价值实现的过程，公平正义一直是法治所追求的终极价值与理想，是世界各国法治现代化的必然要求与共同特征”。[④] “公正司法观是

---

① 参见季卫东：《法治秩序的建构》，商务印书馆2019年版，第18页。

② 参见何挺：《论司法程序现代化的标准》，载《法治研究》2013年第1期。

③ 王新清、高林：《新时代刑事司法公正观论略》，载《河南财经政法大学学报》2024年第2期。

④ 罗国强：《“公正”的法哲学之辨——兼论公正对中国式法治现代化的意义》，载《求索》2023年第3期。

习近平法治思想的有机组成部分。习近平法治思想认为，公正是中国特色社会主义司法的灵魂与生命，‘以人民为中心’是其根本价值立场，坚持党的领导是我国实现公正司法的根本保障”。①

在检察工作现代化进程中，检察机关要滋养公正品格，锻造公正品格，“让人民群众在每一个司法案件中感受到公平正义”。正如有研究者对司法公正的强调：公正是司法的生命线，有关司法的一切制度、程序都应当围绕实现“公正”来设计；有关司法的一切机制，都应当围绕“公正”来运行；参加司法活动的国家公职人员，都应当为促进“公正”而努力；有关司法的一切思想、观点，都应当以促进“公正”为宗旨。② 检察工作现代化就是要平等保护各方合法权益，要强化人权司法保障制度，要实现实体公正和程序公正的平衡，要经得起社会舆论监督和历史检验。检察机关要通过检察公开和检察听证等创新方式，推动实现形式公正和实质公正，让公正以“看得见的方式实现”。检察机关要去除“地方化”和“行政化”，依法独立行使检察权，落实司法责任制；检察官要恪守客观中立义务，通过检察主体的行为赋予检察工作现代化以醇厚的公正品格。在检察工作现代化进程中，公正品格必将“突破传统意义上的目标定位，追求更高位阶的价值理想，推动构建更高境界的司法价值体系”。③

四、具备民主品格

民主与法治是辩证统一的。近代法治的社会基础基于民主力量兴

---

① 姜晓贞：《论习近平法治思想中的公正司法观——核心要义、理论渊源与实践逻辑》，载《内蒙古社会科学》2023 年第 4 期。

② 参见王新清、高林：《新时代刑事司法公正观论略》，载《河南财经政法大学学报》2024 年第 2 期。

③ 黄文艺：《论中国式司法现代化》，载《中国应用法学》2024 年第 1 期。

起，民主是法治的前提，法治是民主的保障。“民主是法治的前提，没有民主就不可能有良善的法治，就必然会导致少数人的专制或独裁；法治是民主的保障，没有法治也就不可能有真正的民主，就必然会导致无政府主义，甚至沦为多数人的暴政。”① “人民性是依法治国的本质属性，也是人民民主的鲜明品格。坚持以人民为中心是推进全面依法治国的根本立场，也是发展全过程人民民主的本质要求”。② 当中国特色社会主义进入新时代，我国社会主要矛盾发生转化，全过程人民民主成为保障人民美好生活的制度条件。政权组织及其结构形式的构建和变革，要统筹符合社会生产力水平的物质条件因素和作为主体的人的因素，尤其要遵循以人为本的民主思想，强调在组织构建中将人的因素作为矛盾的主要方面。在法治现代化进程中，民主与法治互相依存、相互作用，有机统一于人类文明的核心价值和精神之中，民主更是现代司法文明必须具有的基本品格。

民主是中国检察制度和法律监督的正当性来源。对于检察权而言，“民主正当性是法律监督之正当性的根本来源，符合法律的法律监督活动于此意义上得到了政治意义上的确认”。③ 人民检察的概念源于人民民主政权的权力性质，体现了中国检察制度发展和检察权运行的主要方向。中国式民主的基本内核是尊重和保障人权，人的自由和平等是现代化民主的基本形式。同时，全过程人民民主也是人权保障的重要新方式，有助于提升诉讼和司法中公民权利保护的层次。我国《宪法》贯

---

① 周佑勇：《大变局下中国式民主的制度优势与宪法保障》，载《中国法学》2023 年第 1 期。

② 周佑勇：《大变局下中国式民主的制度优势与宪法保障》，载《中国法学》2023 年第 1 期。

③ 秦前红、石泽华：《新时代法律监督理念：逻辑展开与内涵阐释》，载《国家检察官学院学报》2019 年第 6 期。

穿着人民主权理念和基本人权理念，只有让民主理念在检察机关法律监督职能中得到充分发挥，人民群众才能对中国式现代化更有信心。党的二十大报告提出“发展全过程人民民主，保障人民当家作主”。进入新时代，随着司法体制改革和“四大检察”改革对人民检察的重新形塑，检察机关在推进全过程人民民主和以人民为中心的权力运行中也不断强化了自身的民主品格。检察权对于新型民主和人民中心的践行，要遵循民主品格下的履职规律和履职方向。在“四大检察”履职中，检察机关要维护社会公平正义，注重对公民权利的保护，坚持检察依靠人民、检察为了人民，“保护人民权益，这是法治的根本目的”[①]。

五、具备效率品格

效率意味着公平正义的及时、高效实现。在现代司法中，司法效率是指在保障司法公正的前提下，司法机关兼顾节约司法资源、减少司法成本，准确高效地解决纠纷和案件的能力。“现代司法理论认为，‘迟到的正义非正义’，效率已内化为公正的重要标准。”[②] 美国的波斯纳法官也精辟地指出：“程序制度在精确和成本之间追求最大的交换值。”[③] 时间效率、资源效率乃至边际效率都与司法公正形成内在统一。因此，近年来，司法效率的价值定位发生了变化，公众对于效率的价值取向也相应发生转变。在丰富的实践样态和深入的理论学说中，司法效率的内涵也获得了进一步发展，并且这种发展也对现代化司法理念产生了直接影响。

---

① 习近平：《各级领导干部要做尊法学法守法用法的模范》（2015 年 2 月 2 日），载习近平：《论坚持全面依法治国》，中央文献出版社 2020 年版，第 141 页。

② 程关松：《司法效率的逻辑基础与实现方式》，载《江西社会科学》2015 年第 8 期。

③ ［美］理查德·A. 波斯纳：《法理学问题》，苏力译，中国政法大学出版社 1994 年版，第 262 页。

对效率品格的追求主要基于近年来诉讼数量的大幅增加。有观点指出，“在有关正义的场合不应该考虑时间或经济因素，我们的司法制度一直在这种观念支配下发展，但是，最近数十年来，这种观念被证明是错误的，尤其是在不断扩张的大量诉讼压力下，过于昂贵和缓慢的法律程序不能被有效利用，非正义因素无法补救”。① 因为在当今社会，伴随法治现代化的进程，政治问题、法律问题、社会问题均被纳入司法的轨道，通过诉讼或司法解决矛盾纠纷成为国家和公民个体的共同选择。与此相对应，司法资源与司法案件之间的供求矛盾也日益突出。作为现代司法体系中至关重要的一环，司法效率关乎公民权益保护、社会秩序维护以及司法公信力的建设。然而，由于诉讼周期长、审判质量的参差不齐、司法资源分配不均以及司法程序的烦琐等，当前司法效率普遍存在诸多问题。与此同时，司法效率低下问题也逐渐成为影响司法公信的重要原因。有观点指出，“司法效率低下是伴随司法制度而生的顽疾”②，“司法效率是现代司法公正的基本构成要素，司法资源的稀缺使得司法必须追求效率，否则不足以完成其实现法律公正之价值使命”③。在司法资源供需矛盾突出的情形下，国家制度设计的普遍理念为“有限的司法资源应当优先于寻求正义的人，并在其中予以公平配置”④。

检察工作现代化过程中离不开效率品格的塑造。“四大检察”要从司法效率的多元价值和多重内涵出发，以提高检察工作效率为目标导向，对检察工作体系、机制和程序、方式进行完善。在刑事检察工作

① ［日］小岛武司等：《司法制度的历史与未来》，汪祖兴译，法律出版社2008年版，第208页。

② 王海英：《司法效率理念的法经济学思考》，载《中共福建省委党校学报》2003年第8期。

③ 刘练军：《司法效率的性质》，载《浙江社会科学》2011年第11期。

④ 邢鸿飞、侯玲：《论我国司法制度的价值取向》，载《学术界》2017年第7期。

中，完善认罪认罚制度，建构有效的审前分流机制、引入协商的程序激励机制，其内在的逻辑是提高司法效率、节约司法资源。[①] 在民事检察工作中，将类案监督作为高级形态的法律监督方式，从根本上提升民事检察的监督效率。在行政检察工作中，则通过争议实质性化解达到稳定行政秩序和提高行政效率的基本目标。同时，检察机关更要把促进“有效率的公正”作为新时代司法高质量发展的基本价值目标。[②] “司法效率不是与其他法治机关相比较的效率，必须根据自身需要确立效率的内容和实现方式。司法过程和司法活动有它独特的价值追求和运行方式，绝不能为效率而效率，而是追求高效的公正”。[③]

第二节　遵循司法规律、检察规律和现代化规律

一、遵循司法规律

规律是社会活动中本质的、必然的联系，这种联系不断重复出现，在一定条件下经常起着指导作用，并且决定着事物必然向着某种趋势发展的方向。在司法领域，司法规律就是指贯穿司法运行并指引司法实现其根本使命的本质必然联系。这种联系源自司法运行中各种矛盾的相互作用，决定了司法规律具有客观性，不受个人意志左右。遵循司法规律是司法文明的重要标志，它不仅是深化司法体制改革的必由之路，也是

---

① 参见魏晓娜：《完善认罪认罚从宽制度：中国语境下的关键词展开》，载《法学研究》2016 年第 4 期。

② 参见公丕祥：《社会主要矛盾变化：新时代人民司法的高质量发展》，载《浙江大学学报（人文社会科学版）》2019 年第 1 期。

③ 程关松：《司法效率的逻辑基础与实现方式》，载《江西社会科学》2015 年第 8 期。

进一步推进司法文明的基本要求。在司法实践中，人们既不能创造司法规律，也不能忽视司法规律，只能在司法活动中严格遵循司法规律。遵循司法规律有助于保障司法公正、提升司法效率、维护社会秩序和稳定，促进社会公平正义。只有在遵循司法规律的基础上，司法才能更好地担当使命，为社会的持续发展和进步提供坚实的法治保障。

人民检察院是保障国家法律统一正确实施的司法机关，检察权有许多权能构成具有司法权的性质，因此，检察工作现代化首先要遵循司法规律。依照司法权的判断权属性，在《宪法》和法律框架内独立行使检察权；依照司法权的判断权属性，司法机关对司法管理和司法业务分而治之，去除检察权运行中的行政化倾向，促进司法权运行中权力、责任和权利、义务一致；依照司法权的判断权属性，司法机关排除检察权运行中人为因素的干扰，实行人财物统一管理。同时，司法权又作为一项政治性权力存在，检察权的运行既要受到司法技术的约束又要符合司法的价值取向，要坚持和加强党对政法工作的绝对领导。坚持依法独立办案和坚持党的领导就是遵循司法和政党之间的关系规律，“党的领导是依法独立办案的基本保障，坚持依法独立办案本身就是体现党的领导”。[①] 坚持和加强党对政法工作的绝对领导，是检察工作现代化和检察事业高质量发展的首要原则。

二、遵循检察规律

检察权是一项复合性权力，既具有司法权的特征，又具有行政权的特性，其运行需要同时遵循司法规律和检察规律。作为司法工作的重要组成部分，检察工作首先应当遵循司法活动的一般规律。除了具备司法

① 李占国：《正确处理党的领导与依法独立办案的关系》，载《政治与法律》2022 年第 1 期。

工作共通的规律外，检察权还具有自身的规律，这些规律不断重复出现，在一定条件下经常发挥作用，决定着检察工作的发展方向。这些规律包括确立并开展检察工作的动机、目的，检察工作构成要素之间的内在联系，以及检察工作与经济基础、宪法实现、司法、诉讼等事物的外在联系。在检察工作现代化过程中，必须遵循一般性与特殊性统一的司法规律和检察规律。

检察机关实行上下级领导体制，其中一些检察权能具有行政权等属性，这些不同于审判权的体制或权能因素，塑造了独属于检察权的特有规律。其中，检察一体化作为根本性的检察规律存在于检察权的整体运行中。我国《宪法》和《人民检察院组织法》规定了最高检察机关和地方各级检察机关、上级检察机关和下级检察机关之间领导与被领导的上下一体化关系，《检察官法》规定了检察官在检察长领导下开展工作。同时，《宪法》和《人民检察院组织法》关于“人民检察院依照法律规定独立行使检察权”的规定要求各检察机关对外作为一个整体行使检察权。随着政治体制、司法体制、检察体制的叠加改革，检察机关内设机构和对外权力关系都发生了变化，对检察一体化程度的要求更高。上下级检察机关之间的上令下从、不同行政区划检察院之间的跨区域合作、“四大检察”、各项检察业务之间的协调配合，有助于最大化利用检察资源、形成检察监督合力、完善检察机关内部监督制约机制、提升检察机关整体办案能力水平。

三、遵循现代化规律

从中观和宏观层面看，检察工作还需遵循中国式法治现代化规律和中国式现代化规律。一方面，司法规律是法治规律，是人类政治文明规律在司法领域的特殊形式，也是国家治理规律的具体展开；[①] 另一方面，司法规律也深刻体现了现代化发展的一般规律、社会主义现代化发展的普遍规律和中国特色社会主义现代化建设的特殊规律。[②] 检察工作现代化从属于中国式法治现代化和中国式现代化的整体进程之中，其既内含具有普遍意义的发展规律，又展现具体实践和现实运动的历史性、特殊性。

中国式法治现代化规律和中国式现代化规律，是我国在全面依法治国道路上独立探索的具有中国特色的现代化中所蕴含的独特规律，同时也包含了法治国家普遍适用的规律。这些独特规律是在我国政治、社会、经济制度以及实际国情的相互作用和相互影响下形成的。主要包括以下几个方面：

首先，社会发展成为促进和引导法律演进和法治文明进步的决定性力量。随着社会不断的发展，制度的进一步完善使法治理念得以深入人心，成为社会运行的基础范式。其次，法治在本土传统法治文化与世界多元法治文化的融通中形成现代化模式。我国法治的发展既吸收借鉴了世界范围内的法治经验，又汲取了源远流长的本土优秀传统法律文化，生成了既具有国际视野又符合中国国情的现代化法治体系。最后，法治发展的脉络表征为从权力本位走向权利本位，从实体公正走向实体公正与程序公正并重。因此，在法治建设过程中，要充分考虑和落实对公民的权利保障，要特别注重司法在程序层面的公正。

---

① 参见张文显：《为什么要研究司法规律》，载《检察日报》2015 年 5 月 14 日，第 3 版。

② 参见贺新元：《中国式现代化的发展规律》，载微信公众号“光明理论”2023 年 2 月 20 日，https：//mp. weixin. qq. com/s/MciL8qmt28TpGqT9r3eq0Q? scene = 25#wechat_ redirect。

第三节　传承中华优秀传统法律文化

一、传统法律文化传承中的中国式法治现代化

中华优秀传统文化既是国家的根基，也是民族的灵魂，更是法治的内核。[①] 中华优秀传统法律文化中的法治理念源远流长，深深植根于中国古代的哲学思想、社会伦理和政治制度中。中国自古以来就“形成了世界法制史上独树一帜的中华法系，积淀了深厚的法律文化”[②]。“天人合一、贵和尚中的思想，家国同构、高度重视维护国家利益的意识，法德相济、德政治国的治理理念，以人为本、民贵君轻的民本思想，是中华传统文化的核心精神”。[③] 在法治现代化进程中，对权力的制约、对权利的保护以及对公共利益的维护，都与中华优秀传统法律文化一脉相承。

具体来说，中华传统文化突出强调仁义道德的重要性，即以仁爱之心对待他人，以正义之道行事。在儒家经典《大学》中，曾提出“格物致知，诚意正心，修身齐家治国平天下”的理念。其中“修身齐家治国平天下”表达了由小见大的三个阶段，即个人修身、家庭和谐、国家稳定和天下太平的愿景，强调了个人修养和社会秩序之间的正向循环。在现代法治理念的应用中，传统文化所强调的仁义道德在法律中体

---

① 参见陈都冉：《中华优秀传统文化在现代司法裁判场域下的基本价值、功能结构和程序保障——以诚实信用原则为例》，“弘扬中华优秀传统文化”司法论坛会议论文，2023年5月13日于江苏南通。

② 习近平：《坚定不移走中国特色社会主义法治道路　为全面建设社会主义现代化国家提供有力法治保障》，载《求是》2021年第5期。

③ 杨建军：《通过立法的文化传承》，载《中国法学》2020年第5期。

现为公正与公平的重要原则。也就是说，依法保障公民个人的权益，对维护社会的和谐稳定至关重要。此外，中华民族自古以来为礼仪之邦，不难看出，“礼”字尤为重要。比起法治社会与人治社会，古代中国更像是一个有着架构庞大、错综复杂礼仪制度规定的礼法社会，礼制贯穿了古代中国社会生活的方方面面。例如，在宋代，礼法在官员的选拔任用、日常行为规范等方面发挥着极其重要的作用。宋代实行科举制度，由于宋人认为礼法是对考生品德与修养的考察标准，所以经典礼法的内容是考试的主要内容之一，这意味着候选官员需要对礼法有着准确的认知。同时，在宋人的政治理念中，礼法是保障社会秩序和维护民生稳定的有效手段。特别是朝廷对于地方的治理，礼法规范是用来定分止争的主要标准，可以高效地化解社会矛盾，维护社会的和谐稳定。由此，在宋代，只有遵循礼法规范的官员才可能获得上级的认可和民众的拥护。这样一来，礼法也成为约束宋代官员日常行为的重要手段。根据儒家礼法，官员应以身作则，严格遵守礼法规范，对待民众应仁爱有礼，对待工作应刚正不阿，这有助于解决官员贪腐和渎职的问题。

在当代，礼治思想所强调的道德和仁爱，在中国现代法治建设道路中被现代法治理念进行了灵活拆解、优化调整、合理吸收。法律与道德原则在遵循相辅相成的路径下实现了有机结合，在凸显法律的公平正义的同时，也深刻展现了人文关怀，特别是将倡导司法公正、保障人权设为法治建设的重要目标，这与礼治思想的价值观相契合，从而赓续了礼治思想的精髓。

中华优秀传统法律文化在推进全面依法治国进程中发挥了至关重要的作用。“纵观中国历史，从先秦到清末，在中国四千年的发展史中逐渐形成了独具特色的中华法律文化，在世界各国法系中占据非常重要的地位，在漫长的岁月中形成了自己的特征。中华优秀传统法律文化作为习近平法治思想传承与发展的理论土壤与文化根基，在推进全面依法治国进程中发挥了至关重要的作用”。① 2023 年 11 月 27 日，习近平在中共中央政治局第十次集体学习时强调“中华法系源远流长，中华优秀传统法律文化蕴含丰富法治思想和深邃政治智慧，是中华文化的瑰宝。要积极推动中华优秀传统法律文化创造性转化、创新性发展，赋予中华法治文明新的时代内涵，激发起蓬勃生机”。②

“中国式法治现代化”的过程，也是中华优秀传统法律文化精髓的创新性发展和创造性转化的过程。任何一项社会制度或社会形态都在传承中获得发展，尤其在构建中国自主知识体系的现代化进程中，我们必须深入挖掘中华传统法律文化资源中那些永不褪色的价值，探寻其中精要的法治理念、法治范畴、法治判断。中国的法治化道路，是在中国“历史传承、文化传统、经济社会发展基础上长期发展、渐近改进、内生性演化的结果”③。正如列宁所言：“马克思主义的全部精神，它的整个体系，要求人们对每一个原理都要历史地，都要同其他原理联系起来，都要同具体的历史经验联系起来加以考察。”④ 现代化不是与历史和文化的断裂，恰恰相反，现代化是在汲取历史经验和传统文化的基础上不断发展起来的。为此，党的二十大报告要求“传承中华优秀传统文化”，而“中国式法治现代化”更要体现对优秀传统文化的传承。正如张文显指出，“我们构建中国话语体系、占领世界话语体系高地、掌

---

① 郭雯清：《论习近平法治思想对中华优秀传统法律文化的传承与发展的时代价值》，“弘扬中华优秀传统文化”司法论坛会议论文，2023 年 5 月 13 日于江苏南通。

② 参见《习近平在中共中央政治局第十次集体学习时强调　加强涉外法制建设　营造有利法治条件和外部环境》，载《人民日报》2023 年 11 月 29 日，第 1 版。

③ 习近平：《在庆祝全国人民代表大会成立 60 周年大会上的讲话》（2014 年 9 月 5 日），人民出版社 2014 年版，第 16 页。

④ 中共中央马克思恩格斯列宁斯大林著作编译局编译：《列宁选集》（第 2 卷）（第 3 版），人民出版社 2012 年版，第 785 页。

握国际话语主动权的能力仍显不足，特别是在国际法治和全球治理领域，‘西强我弱’的格局还没有根本改变”。[①] 而“中华优秀传统文化是中华民族的精神命脉，是涵养社会主义核心价值观的重要源泉，也是我们在世界文化激荡中站稳脚跟的坚实根基”[②]。因此，中国式法治现代化的路径必须根植于本土的传统文化之中。

传承中华优秀传统法律文化是中国式法治现代化的突出特征和基本经验。法治现代化的范式并不是唯一的、单一的，法治现代化的模式从来都是不拘一格、丰富多彩的。法治现代化是一种民族的、本土的、文化的现象，必须根植于本土的传统法律文化之中。[③] 中华传统法律文化精髓之所以具有强大的自我适应性，是因为它源于中国本土，深受中国传统文化、思想理念和道德规范的影响塑造。中国的法治现代化实践在特定的历史转折点上达到了它的“自我意识”，它决定性地意识到了自身的立足点——意识到必须把法治现代化这一普遍的任务同中国特定的社会条件、历史环境和文化传统结合起来，从而使之成为一种真正适配于自身国情和文化的法治现代化。[④] 恰如威尔逊曾言：“凡法律非能通万国而使同一，各国皆尤其固有法律，与其国民的性质同时发达，而反映国民的生存状态于其中……”中国的法治现代化蕴含丰富的特色，这在很大程度上受到了中华优秀传统文化的影响。[⑤] 在中国现代法治的建构过程中，自觉传承中华优秀传统法律文化，既是中国式法治现代化

---

① 张文显：《论建构中国自主法学知识体系》，载《法学家》2023 年第 2 期。

② 参见习近平 2014 年 10 月 15 日在文艺工作座谈会上的讲话。

③ 参见吕玉赞：《“中国式法治现代化”的话语阐释》，载《东方法学》2024 年第1 期。

④ 参见吴晓明：《中国式现代化与独立自主的文化精神》，载《光明日报》2023 年 9 月 4 日，第 15 版。

⑤ 参见吕玉赞：《“中国式法治现代化”的话语阐释》，载《东方法学》2024 年第1 期。

的一个突出特征，也是中国式法治现代化的一个基本经验。[①]

“中国式法治现代化”必将在传承中华优秀传统法律文化中赢得长远发展。“求木之长者，必固其根本；欲流之远者，必浚其泉源”，[②] 这句古训道出了发展的根本道理：只有增强文化自觉和文化自信，立足本土根基、深挖文化本源，才能在世界文化激荡中赢得长远的发展。同样，“一切真历史都是当代史”[③]，意味着在历史中经过长期实践的文化认知和社会规范对于当代的发展有着至关重要的借鉴意义。因此，“中国式法治现代化”不仅代表着中华传统法律文化和中华法系的创新发展，也展现了新时代内涵、新时代中国法治文明的包容性、民族性和连续性，有助于“构建内有法德统一、良法善治，外有兼收并蓄、独树一帜的现代化中华法治文明体系，开创法治中国建设新局面”。[④]

二、传统法律文化传承中的人民司法制度

我国司法制度始终在历史文化的传承中发展壮大，传统司法制度展示出强大的现代价值。“人民司法制度是中国共产党在领导中国革命建设和改革过程中形成的适合自己法治发展道路的独特司法制度，深植中华法制文明和中华优秀传统法律文化，深耕中国革命、建设和改革实践，充分借鉴国外法治有益成果，既是‘两个结合’在法治领域的生动实践，也是中国式现代化的法治表达，具有无与伦比的生命力”。[⑤]

---

① 参见吕玉赞：《“中国式法治现代化”的话语阐释》，载《东方法学》2024年第1期。

② 出自（唐）魏徵：《谏太宗十思疏》。

③ ［意］贝奈戴托·克罗齐：《历史学的理论和实际》，傅任敢译，商务印书馆1982年版，第2页。

④ 参见李林：《建构现代化中华法治文明新形态》，载《中国社会科学报》2022年9月1日，第3版。

⑤ 郭彦：《传承与创新：人民司法制度的整体性逻辑》，载《法律适用》2023年第3期。

人民司法制度改革和发展的历史，同时也是一部自我扬弃的历史。人民司法制度汲取中华优秀传统法律文化的基因，不断总结党领导人民司法的成功经验，运用实践理性中积累形成的司法原则和司法方法，有机转化为契合新的发展形势需要的司法制度设计。[①]

中华传统文化历经数千年的时光，从先秦时期的诸子百家争鸣，到汉代的“罢黜百家、独尊儒术”的大一统，后来又经过魏晋南北朝和隋唐时期的文化交融互鉴，演进为宋明时期的程朱理学，再到有清一代的启蒙思想，造就了庞大而恢弘的传统文化体系。[②] 在世界历史中占据优异地位的中华传统文化，亦深深影响了中华法系的发展。“在中华法系的发展过程中，虽然社会形态和社会环境不断发生变化，法律制度体系和运行方式也在不断调整，但中华法系作为涵盖法律制度、法律文化、法律价值、法律运行等的整体概念，其价值内涵一直在不断发展，它体现的是中华民族对于法的认识与实践，是中华民族理性与智慧的结晶，也是中华民族伟大创造力的体现”。[③] 中国是世界著名的法制文明古国，始于公元前的法律历史形成特色鲜明的传统司法理念。其中蕴含了东方朴素的辩证思维，体现着中华民族的法律心理、法律观念和法律精神，具有深厚的人文和社会基础。[④] 中华法系包含的德主刑辅、出礼入刑的治理智慧，民为邦本、民贵君轻的民本思想，不禁而止、天下无讼的价值追求，援法断罪、刑无等级的平等观念等，都承载着法治文明

---

① 参见郭彦：《走出西方话语体系禁锢：比较法视野中的人民司法制度基本原则研究》，载《法律适用》2022 年第 5 期。

② 参见吴浩明：《古为今用：论中华优秀传统文化融入司法判决的效果、趋势及完善》，“弘扬中华优秀传统文化”司法论坛会议论文，2023 年 5 月 13 日于江苏南通。

③ 郭彦：《正本清源：新中华法系视角下人民司法制度再审视》，载《法律适用》2021 年第 11 期。

④ 李乐平：《以检察理念建设促进检察事业可持续发展》，载最高人民检察院官网，https：//www. spp. gov. cn/ztk/dfld/2016dfld/dfld98_ 3027/ywtt/201604/t20160401_ 115414. shtml。

的精髓。

同时，与中华传统文化相伴相生的古老学派中也包含着先进的司法理念或司法方法。儒学主张人类通过自身努力达致对自然人性的实现，体现了一种以个体的自我超越为旨归的人文进步。在古代的社会实践中，人民参与是儒学指导司法活动的重要组成部分，具有代表性的一种形式是宗法制度。宗法制度允许通过民间仲裁和调解来解决纠纷和争议，常见于村寨、宗族等，其基层组织内部通常设立了一个具有权威性的公共场所，如树下、祠堂等，用于处理内部成员之间的纠纷。这些地方常常由年长者或有声望的人担任调解员，而族长等在家族内部拥有一定的裁判权的成员，则依据内部的传统规范和儒家的礼法准则，通过协商、调解等途径解决争端，处理成员之间的纠纷和矛盾，以相对公平的方式维护社会稳定和秩序。法家之学说主张中也有其正向的价值向度，如肯定法的重要性、强调法的权威性以及“法与时转”“一断于法”的立法、执法原则等。墨家的“兼爱”体现出来的法的普遍性与平等性原则，蕴藏着中国最古老的“法治”思想；而道家则展现出对个体权利与消极自由的关怀，某种程度上有其契合现代的合理价值元素等。①

这些先进的司法理念和司法方法都值得我们在新时代司法工作和司法制度发展中对其进行创造性转化和创新性发展。正如梁治平先生曾言：“中国古代法律的多元格局呈现为一种多元复合的统一结构：它既是杂多的，又是统一的；既是自生自发的，又是受到控制的；既有横向的展开，也有纵向的联系；既是各自分别发展，又是互相联系和互相影响。这些彼此对立的方面，一方面包含了造成动荡的因素，另一方面也蕴藏了解决社会问题的创造性力量。正是因为同时存在着这些不同的方

---

① 参见陈亚飞：《中华传统文化的法价值之维》，载《浙江学刊》2023 年第 4 期。

面，也是通过这些不同方面持续不断的相互作用，国家秩序才可能在长时期的变化当中保持结构的平衡。”① 在新时代司法工作中，司法机关通过弘扬“礼法互补”“定分止争”等传统理念，妥善运用审判、调解等各种司法手段，加大释法说理、法治宣传工作力度，有效化解社会矛盾，真正实现源头治理。②

三、传统法律文化传承中的检察工作现代化

检察工作现代化必须与文明的延续和中华民族的自我认同相辅相成。在构建现代化的检察权方面，特别是检察权在处理与其他权力之间的关系以及自我发展中，我们可以从中国传统的权力文化和治理文化中获取理念性的经验。尽管御史制度不能称得上检察制度的制度原型，但该制度所映射出的中国政治结构中不同权力的配置原理、运行模式以及功能差异化处理等，却在实践层面上为我们总结得失和成败提供了评判样本。御史制度作为我国古代权力控制的制度载体、政治制度运作的关键环节，其体现出的权力相互制衡、权力全程受到约束、制约形式多元等权力运行理念和运行模式都值得参考借鉴。与西方国家迥异的政治制度模式和权力分配模式，以及大国治理的复杂程度，都决定了我国检察工作现代化应更多地从中华优秀传统法律文化中挖掘和寻求历史经验。

在检察文化现代化方面，中华优秀传统法律文化中先进的司法理念对新时代检察文化建设起到重要的引领作用。中华优秀传统文化是十分完备的理论体系和价值体系，古代先贤提出了隆礼重法的治国策略、民为邦本的民本理念、以和为贵的价值追求、任法而治的执法原则、明德

---

① 梁治平：《法律史的视界》，广西师范大学出版社2021年版，第33页。

② 参见郭彦：《走出西方话语体系禁锢：比较法视野中的人民司法制度基本原则研究》，载《法律适用》2022年第5期。

慎罚的慎刑思想、法不阿贵的平等观念，充实了中华优秀传统法律文化丰富的精神底蕴。[①] 这是中国人共同的精神家园和引导中国人行为的文化基因，是检察文化深入中国社会、走进寻常百姓家的精神密码和文化路径，成为中国现代检察文化的重要参考。[②] 正是基于对中华优秀传统法律文化的传承，检察机关逐步形成了一系列具有中国特色的检察文化：如要求检察人员忠诚、为民、公正、廉洁、恪尽职守等，后续逐步发展为检察机关客观公正立场、维护公平正义、强化法律监督等文化理念和行为。具体来说：第一，“集体本位”的法律文化发展为新时代公共利益至上的准则，检察机关具有的公益诉讼职能有利于防止“公地悲剧”，实现公共利益最大化。第二，“德主刑辅”“明德慎刑”的传统法律文化，提醒检察机关要重视教化，以人为本进行人文关怀，执法司法过程中要执行宽严相济的刑事政策，落实认罪认罚从宽制度，贯彻少捕慎诉慎押刑事理念，从而充分保障人权。第三，传统法律文化中“鞫谳分司”“令鞫治之”发展成为检察机关要坚持客观公正立场的要求。第四，“监察文化”“推鞫狱讼”“行刑监督”等文化创造性转化为检察机关发挥全面开展高质量法律监督的要求。第五，以血缘关系和地域归属挂钩的集体认同，发展为检察机关的政治认同和物质层面的认同，如对社会主义核心价值观的追求和检察官制服从无到有，从军装到西装，由上到下统一着装看不出级别等，都是检察官群体作为法律监督者对身份集体认同感的体现。[③]

---

① 参见王琦：《将中华优秀传统文化紧密融入新时代检察实践》，“弘扬中华优秀传统文化”司法论坛会议论文，2023 年 5 月 13 日于江苏南通。

② 参见王琦：《将中华优秀传统文化紧密融入新时代检察实践》，“弘扬中华优秀传统文化”司法论坛会议论文，2023 年 5 月 13 日于江苏南通。

③ 参见王晓霞、崔倩如：《中华优秀法律文化在检察司法领域的价值研究》，“弘扬中华优秀传统文化”司法论坛会议论文，2023 年 5 月 13 日于江苏南通。

在检察工作体制机制方式现代化方面，我国传统司法文化中的理念精髓对新时代检察体制机制方式建设同样起到重要的引领作用。例如，认罪认罚从宽制度中检察机关主导的协商合作诉讼模式，在权力运行理念上仍是和合、和谐司法理念的历史延续。“在中国传统司法文化中，诉讼的目的不是彻底届分权利义务，实现各自的明确化，而是息讼止争，营造一种互相理解宽恕的氛围”。[①] 在法治现代化进程中，矛盾纠纷的多元化化解在实践中显示出强大的生命力，检察机关在诉前对于案件的处理和分流，将矛盾纠纷的处置时机前移，有效实现源头治理。在案件事实认定和法律适用中，检察机关更是对天理、国法和人情进行创造性地融合运用，是对传统情理司法理念的传承。中国传统的天理、国法和人情融合了自然法、实证法和社会法，其作为综合式的法观念在现代检察履职中实现了“三位一体”的有机统一。

第四节　引领世界法治文明

一、中国法治文明对世界法治产生积极影响

中国法治文明为世界法治发展作出原创性贡献。法治文明在全球范围内体现了人类在法治建设中取得的众多辉煌成就。它是多元中心的，不同文明体系内已经发展出了各自独立完整的文明本体，即形成了独立而完整的法治理论和实践模式。[②] 在中华法系文明到中国式法治现代化

① 侯明明：《传统司法文化与当代法治中国建设的主体性》，载《兰州学刊》2021 年第 2 期。

② 参见葛淼：《东西方文明竞争与国际法地域观的改变》，载《时代法学》2020 年第 3 期。

的发展进程中，我国的法治已经形成了独特的理论体系和创新的实践模式，为世界法治发展作出原创性贡献。“中国式法治现代化不仅强调法治现代化的中国特色和中国经验，更强调中国特色和中国经验的普遍意义”。[①] 也就是说“中国式法治现代化不仅是世界法治现代化的一种特定类型，而且具有卓越的典范性和示范性”。[②]

中国法治文明为世界法治进步提供示范性成果。“中国式法治现代化”在内容主张、根本依据、价值追求上都具有一定的普遍性，为世界法治发展提供具有普遍借鉴意义的法治现代化模式，提供一种“多元主义中的普遍范式”。[③] 在当下，国际法面临着新的公共问题和危机，中国作为东方文明的代表，亦是世界上人口最多的国家之一，中国在法治建设和实践当中积累了广泛而丰富的经验和智慧，正在对国际法治的基础理论创新起到示范作用。近年来，全球形势动荡不安、危机冲突愈演愈烈、全球人权治理受到前所未有的挑战，在此背景下，中国凭借着综合国力和上升的国际地位，逐步在国际局势中发挥着大国影响力，通过开展多边合作、国际间对话，积极地宣介中国的法治文明建设成果、人权理念，对推动世界法治文明的发展产生了日益显著的影响。在这个历史机遇的当口，中国的智慧经验将影响国际法治，推动文明竞争朝着构建世界文明共同体的正确方向发展。[④]

法治文明的中国形态是世界法治文明的崭新形态。人类法治文明新形态是在推进中国式法治现代化进程中创造的法治文明的中国形态，是具有丰厚历史文化资源的中华法治文明的当代形态，是超越“西方文

---

① 吕玉赞：《“中国式法治现代化”的话语阐释》，载《东方法学》2024 年第 1 期。

② 吕玉赞：《“中国式法治现代化”的话语阐释》，载《东方法学》2024 年第 1 期。

③ 参见雷磊：《“中国式法治现代化”释证》，载《法学论坛》2024 年第 3 期。

④ 参见葛淼：《东西方文明竞争与国际法地域观的改变》，载《时代法学》2020 年第 3 期。

明中心论”的世界法治文明崭新形态。[①] 中国式现代化的价值意蕴就是对人类文明新形态的创造意义，对西方现代化和传统现代化模式的超越意义，对发展中国家走向现代化的示范意义。[②] 特别是中国在国际上建设性提出反腐败倡议并以史无前例的决心与腐败作斗争，坚持推动执法与司法开展务实合作，在反腐败斗争中凭借日益凸显的制度优势、法治优势取得了压倒性的胜利，为人类反腐败斗争书写了崭新的历史篇章，也为反腐败全球治理体系积极贡献了中国范式。此外，“‘中国式法治现代化’作为一个原创性话语，成功跳出了‘西方法治观’和‘文明冲突论’的窠臼，标志着人类法治的新范式、新典范，彰显出对后发国家法治发展模式和西方法治模式的双重超越，体现了人类对法治现代化规律的全新认识，可以说是世界法治现代化的时代性跃迁和整体性重塑”。[③]

二、中国特色检察权具有显著的制度优越性

不同的政制体系产生不同的权力配置模式，不同的权力配置模式下产生权力形态各异的检察权。在西方国家的三权分立政体下，检察权不属于独立的权力形态。在大陆法系国家，检察机关一般附属于法院系统内部或由司法行政机关领导。英美法系国家的检察制度，在早期发展中具有一些共性，其后随着美国检察制度转向移植法国检察制度而呈现明显分化的特点。英国 1985 年颁布的《犯罪起诉法》，借鉴大陆法系检察制度模式建立了统一的检察机构；美国则建立了两套互相独立，无隶

① 参见公丕祥：《关于人类社会发展规律的法哲学阐释：习近平法治思想的原创性贡献初论》，载《江海学刊》2022 年第 1 期。

② 参见傅慧芳：《中国式现代化：一个研究综述》，载微信公众号“社科学人”2023 年 4 月 15 日，https：//mp. weixin. qq. com/s/VVNw_ R7pBM5N0bXx5G9b5w。

③ 吕玉赞：《“中国式法治现代化”的话语阐释》，载《东方法学》2024 年第 1 期。

属关系的联邦检察系统和地方检察系统。以我国为代表的社会主义国家检察权，是与行政权、审判权等权力平行的具有独立性的权力，我国检察权的行使体现出完全的独立性。

作为独立权力形态的检察权，我国检察权的行使体现出完全的独立性。我国检察机关的法律监督地位得以彰显。基于检察权制约与监督功能的二元配置形成的制度优越性，我国检察机关具有“法律监督机关”的独特定位，是保障国家法律统一正确实施的司法机关，是国家监督体系的重要组成部分，“法律监督机关”是我国《宪法》对检察机关的独特定位，是中国特色社会主义检察制度的标志，也是我国《宪法》独有的概念。相较之下，西方一些国家检察权的依附性，亦是由于三权分立的宪制模式而产生的。在契约论下，西方国家出于主张自然权利的强烈欲望，造就了统治权的分享形式。[①] 因此，西方国家中的检察机关则主要是对诉讼程序的制约，对审判权和行政权的监督十分有限，在参与国家和社会治理方面的广度和深度也远不及独立权力形态下的检察权。总之，分散型权力是以权力的互相制约为主要机理，三权之间的互相掣肘为其基本要求。而总分型的分权之间处于平行关系，监督机关的特殊性得以彰显。

由于检察权的独立权力形态，我国检察权的制度功能展现出较强的周延性。这种周延性不仅体现在检察机关在刑事诉讼中从行使自侦权到审查逮捕、行使起诉权和量刑建议权、刑罚执行监督等各个环节，还在于其在刑事、民事、行政诉讼中与审判权、行政权的相互制约以及检察机关的诉讼监督与诉讼外监督方面的广泛涵盖。相较而言，西方三权分立的政治体制下，检察权大多从属于行政权并体现出一定的司法权特

---

① 参见［美］托马斯·潘恩：《人的权利：驳柏克并论法国大革命与美国革命》，田飞龙译，中国法制出版社 2011 年版，第 129 页。

征，“审检合署”模式盛行，检察权属于二级权力，不作为独立权力形态而存在。域外检察权的从属性也决定了其检察制度功能的较大局限性。

三、“四大检察”具有超越政体的制度价值

随着中国法治建设的不断推进，检察机关作为司法体系的重要组成部分，承担着维护司法公正、保障人民权益、维护社会稳定和服务国家治理等重要职责。其中，刑事检察、民事检察、行政检察和公益诉讼检察“四大检察”职能极大丰富了中国检察的制度内涵和实践样态。这些权力的配置和职能的设立，不仅使检察机关成为司法体系的重要有机组成，更赋予了其在司法领域中的独特地位。同时，“四大检察”还超越了不同政体的差异，产生了普遍性价值。

第一，我国创设了检察权全面、充分参与刑事、民事、行政、公益诉讼法律关系实践的中国模式。首先，从公诉权角度来看，检察权在刑事、民事、行政法律关系中都负有为公共利益而诉的权能义务。考察检察权的起源史与西方社会发展史，可以发现其隐含的逻辑主线：检察权的起源于犯罪行为的国家追诉，与公共利益保护的国家主义密切相关。国家追诉建立在“刑事犯罪最大的危害对象是国家”的观念基础之上，同时，检察官作为刑事司法中公共利益的代表者，其起源动机在于维护国家和公共利益，这要求在检察权的架构中需要将国家和公共利益嵌于对刑事、民事、行政法律关系提起公诉的权力中。其次，从诉讼制约与权力监督的角度，检察权应全面参与刑事、民事、行政法律关系实践。审判权的终极性使司法权成为定分止争的最后方式，也就是说，权利关系经审判而被确认，又对司法权的公正性提出更高要求，即审判权滥用的风险必然需要防范。因此，权力从集权和专制向分权、制约、衡平的

演化，构成了检察权起源的政治制度基础。同时，这也意味着“四大检察”的职能重组和模块设计，可以更加有效地保障各项检察权能内在地统一于法律监督这一宪法职责之中。

第二，检察权在公权力制约、监督中的独立性为世界范围的检察权发展提供启示。

首先，通过“四大检察”统合制约监督的中国实践卓有成效。在我国检察实践中，公诉检察负责监督起诉活动的合法性和公正性，刑事执行检察负责监督刑事判决、裁定的执行情况，民事行政检察负责对民事、行政案件的合法性进行监督，公益诉讼检察负责维护社会公共利益。这些职能的有效发挥，保障了法律的权威和司法公正的实现。简言之，“四大检察”通过对司法活动的全程监督，确保司法公正和法律适用的正确性，特别是通过对刑事、民事、行政案件的全面检察，检察机关及时发现和纠正违法犯罪行为，进一步强化了法治的实施，从而维护了社会秩序和安全。

其次，我国检察制度的演变体现出一种制度构建中的技术理性。检察制度的演变与意识形态乃至政治上层建筑并无必然的、唯一的联系。俄罗斯在三权分立下的检察权独立权力形态表明，将检察权作为制衡性权力超越了政治体制的局限，显示出了历史的进步性。“一定程度上，检察机关具有超越社会体制形态的特点，并非说社会主义的检察制度就一定如何，而资本主义的检察制度就一定如何，只能说，检察制度只是官僚体制的一种设计，某种社会结构需要它发挥何种作用，检察制度就表现出何种形态，最终形态取决于社会结构的需要”。[①] 再如，同样是实行三权分立的体制，意大利、葡萄牙等国家则体现了检察机关的独立

① 甄贞等：《检察制度比较研究》，法律出版社2010年版，第564页。

性。意大利《宪法》明确规定："司法部门构成自主的、独立的关系，不从属于任何其他权力。"意大利检察机关与法院一并归入司法机关，在《宪法》中具有独立地位。葡萄牙《检察署组织法》规定"检察署独立于其他中央及地方政权机构，享有独立的地位"。在葡萄牙，检察署完全独立于地方政府和地方自治行政机构，各级各地共和国检察官、检察长和总检察长助理，均分别隶属于上级，并向其报告工作，而与其所在地政府不存在任何隶属关系或指导关系。[①] 事实上，检察制度的演变更多地体现出一种制度构建中的技术理性，与不同地区、民族、国家的意识形态乃至政治上层建筑并无必然的、唯一的联系。

最后，通过"四大检察"统合制约监督具有合目的性、合需要性和合规律性。检察制度具有一定程度的社会形态的溢出性，检察制度如何设计在政治体制外仍在遵循某种社会结构的需要。如何创建检察制度并朝着什么方向发展，并不单纯是一个国家性、体制性的问题，而常常表现出不同程度的合目的性、合需要性和合规律性的问题。满足社会结构需要的检察制度通常会产生普世性价值，为不同形态国家的检察制度提供借鉴。实践表明，检察权的演变是一个多层级的变迁过程，世界范围内的检察权在相互借鉴中获得进一步发展。如我国在环境保护中通过司法追究行政责任创新形成的行政公益诉讼"强力司法手段"，对世界范围内司法参与环境等重大治理问题产生启示，也因此被联合国前副秘书长埃里克·索尔海姆称之为"中国贡献"。

四、检察工作现代化推进世界法治文明进程

检察工作现代化不断推动着检察制度的中国创新。中国特色社会主

---

① 参见李广辉、翁崇武：《域外检察改革趋势比较研究》，载《太平洋学报》2009 年第 2 期。

义检察制度，尤其是进入新时代以来，中国检察制度不断回归本土问题中的内涵发展道路，并且不断产生着检察制度的中国创新。有学者指出："中国的社会主义法制现代化是在特定的时间和空间条件下所发生的法制创新运动，具有独特的历史传统和社会条件。在这一变革进程中所建构的法律制度，具有自身独特的个性，从而与其他国家的法律制度现代化模式迥然相异。"① 还有学者指出："现代化中华法治文明，既赓续传统中华法治文明的内在精神和思想精华，更彰显21世纪中华法治文明的时代性、创新性和国际化、现代化等时代特征。"②

检察工作现代化的过程也是发现和遵循普遍法治规律的过程。作为具有独立权力形态的检察权、具有独特法律定位的"法律监督机关"，以及检察权中鲜明的司法性、政治性、人民性，一方面体现出检察制度的中国特色，另一方面也蕴含着检察制度、法政制度乃至政治制度中潜在的普遍规律，在为中国法律监督和检察制度提供中国方案的同时，也有条件、有能力对世界范围内的检察制度形成引领。中国检察工作现代化在丰富人类法治文明的理论内涵，创新人类法治文明的制度形态，拓展人类法治文明的道路选择，为人类文明互鉴提供中国经典范例，为变革全球治理体系贡献力量等方面要发挥引领作用。③ 检察工作的现代化必然要为重新定义现代化的文明形态、丰富和拓展文明多样性以及人类现代化路径选择的多元性提供范式，引领文明形态向更高水平跃迁。④

---

① 公丕祥：《邓小平的法制思想与中国法制现代化》，载《中国法学》1995年第1期。

② 李林：《现代化中华法治文明及其世界意义》，载《中国社会科学》2022年第12期。

③ 参见李林：《现代化中华法治文明及其世界意义》，载《中国社会科学》2022年第12期。

④ 参见张晓萌：《中国式现代化是全新的人类文明形态》，载《经济日报》2023年4月20日，第10版。

第三章

检察工作现代化的整体目标

第一节　形成检察制度的完备性

一、法律监督定位科学明确

检察权的法律监督功能定位是中国检察制度的鲜明特色，而在检察工作现代化的进程中，这一定位应当更加鲜明。

（一）不断回归法律监督功能属性

近年来，持续推进的检察体制改革促使检察权不断回归法律监督的功能属性。首先，国家监察体制改革以及“四大检察”法律监督格局的形成，促使检察机关不断回归法律监督机关的宪法定位，形成了以“诉”为基础的专业监督的崭新形态。从检察权的起源和发展分析，以国家强制力为基础的纠问式诉讼制度客观上促使检察制度产生。在对不同政体下的检察权的分析中，无论是英美法系还是大陆法系国家的检察权，诉讼都是权力行使主要方式之一。我国检察权也基本秉承了权力的司法性或诉讼性，新时代检察权能的拓展也在强化这种司法性或诉讼性。公益诉讼权能和认罪认罚从宽制度中检察机关的起诉权和量刑建议权等权能的拓展，不断丰富着检察机关“诉”的内涵和外延。诉讼形式的法律监督（主要指抗诉权）构成检察机关法律监督的基本内核，非诉讼形式的法律监督需要以诉讼形式的法律监督作为前提或保障。在改革背景下，检察权调整呈现出检察机关法律监督从“查”到“诉”的方式转换。这种履职方式的优势或独立价值在于检察机关可将监督的证据转化为诉讼的证据。总体而言，检察权的诉权形态及其演进符合我国公权力的发展趋势和检察权的价值演化规律。

其次，检察权的法律监督功能属性正在呈现不断强化的趋势。这种趋势不仅体现在检察制度的顶层设计中，更根植于检察权运行的底层逻辑中。以全面加强新时代检察机关法律监督为主线，检察权的运行模式应涵摄打击犯罪与人权保障、权力制约与利益代表等多维元素，在体制承继与国家治理的辩证关系中形成新时代检察机关法律监督的多值逻辑。在政治逻辑层面，新时代检察权在全面依法治国、国家治理现代化的整体布局中承载着特定的价值，这些价值融入了检察机关法律监督的政治性中。治理型司法所具有的“协同”特征，以及均衡型司法围绕“权利”产生的权力制约的要求，都在不断形塑着新时代检察机关法律监督的政治逻辑。在法理逻辑层面，以法律监督为面向的检察权一元论成为检察与监督的逻辑基点，从而分化出了检察权在国家治理中的逻辑关系。在历史逻辑层面，随着公权力发展中监督性权力的强化，新时代检察机关法律监督的结构也在发生变迁。刑事诉讼制度中检察官权力的扩大，以及检察职能中诉讼的发展、诉讼之外法律监督的不断拓展，都共同作用于新时代检察机关法律监督的结构。在形式逻辑层面，“四大检察”外部的执法司法权之间的制约监督、法律监督基本功能的实现以及内部检察权运行的有机融合，展示了检察机关法律监督在职能统合上的努力。因此，检察机关法律监督是不同逻辑在政治层面、法理层面、历史层面和功能层面的有机统一，是新时代全面强化检察机关法律监督逻辑的体系化表达。此外，国家监督体系和监督能力的现代化诉求，决定了专门法律监督机关要在提升监督手段、拓展监督范围等方面强化法律监督。中共中央《关于加强新时代检察机关法律监督工作的意见》对公益诉讼检察的顶层设计、对行政违法和行政不作为进行法律监督的前景规划，以及党的二十大报告强调“加强检察机关法律监督工作”等都反映了这种趋势变化。

最后，“法律监督”构成了我国检察权的主要矛盾和矛盾的主要方面。作为中国检察机关的主要功能面向，“法律监督”引领了整个检察权体系，在权力制约、监督中发挥其特有的功能，“检察权职能向法律监督领域进行了扩张，这一扩张虽未泯灭控的基本职能，但是法律监督得以取代控成为检察权的主题，进而形成了检察权独特而非依附的权力结构定位”[①]。我国检察机关的“法律监督”在实现维护国家法制统一、尊严和权威的整体目标下，统摄以实现该目标为追求的各项权能，并据此保持权能配置的系统性、同一性和开放性。检察机关“法律监督”属于权力监督体系的重要组成部分，在权力监督体系中发挥着不可替代的作用。

（二）检察权和法律监督的对立统一

检察权和法律监督的关系既体现了各自的发展脉络，又凝结了逻辑上的内在统一。我国《宪法》既规定了检察权，也规定了法律监督，虽然它们的内涵和外延存在差异，但二者之间却密切相关。一方面，检察院作为“法律监督机关”的宪法定位不仅要求其贯彻实施检察职权，更重要的是赋予了其高度的政治理念和制度价值。同时，“‘法律监督机关’入宪提升了人民检察院的地位，确定了人民检察院在宪法基础上的一种机关属性，实施法律监督职权也具有了宪法意义和高度”。[②]另一方面，“四大检察”的全面协调发展，奠定了发挥法律监督整体效能的体制机制基础，法律监督职能在“四大检察”系统中获得整体推

---

① 李建华、屈煜：《检察权伦理：结构、意义与理式》，载《中州学刊》2021 年第 1 期。

② 王海军：《人民检察院性质的理论辩思——“法律监督机关”的概念史考察》，载《华东政法大学学报》2022 年第 3 期。

进。法律监督机关是检察院的宪法定位，尽管刑事、民事、行政、公益诉讼检察包含不同性质、功能的权力，以及各自“法律监督”范围和方式存有不同，但法律监督的功能定位却统合了“四大检察”。换言之，“四大检察”因法律监督而具有同一性，而法律监督也构成“四大检察”工作的矛盾主要方面。

“检察权”和“法律监督”二者合力影响我国的检察理论与实践。“检察权”的外延拓宽了法律监督的范围，而法律监督则是从职权维度充实“检察权”的概念内涵，推动了“检察权”概念内涵的发展，[①] 在坚持法律监督功能定位的前提下，检察权得到了进一步发展。“在当下的中国法律语境中，‘检察权’和‘法律监督’语义的相近推动着二者合力影响我国学界、实务界的相关理论认识和实践命题”。[②] 以辩证唯物主义为指导，科学认识检察与监督的关系的最新理论成果，形成了“四大检察”的理论与实践体系，成为中国特色社会主义检察制度发展进入新阶段的标志。[③] 在2024年1月的全国检察长会议上，最高人民检察院检察长应勇提出“坚持‘四大检察’内在统一于法律监督宪法定位”的观点，这也符合法律监督的历史发展与“四大检察”的时代方位——在“在办案中监督，在监督中办案”的检察工作现代化基调。因此，“法律监督功能定位的检察权一元论”[④] 的“检察权”与“法律监督”的本质关系体现出历史与逻辑的统一。

---

① 参见王海军《中国语境下的“检察权”概念考察》，载《中国法学》2022年第6期。

② 王海军：《检察关键词：人民检察制度研究》，北京大学出版社2023年版，第51页。

③ 参见闵钐：《检察与监督——兼论“四大检察”的理论基础与时代价值》，载《人民检察》2019年第22期。

④ 闵钐：《检察与监督——兼论“四大检察”的理论基础与时代价值》，载《人民检察》2019年第22期。

二、职能体系成熟定型

职能体系是否成熟定型是检察权能否充分实现《宪法》赋予检察机关的法律监督职责的制度前提，在检察工作现代化要求下，职能体系在职能类型、职能结构、职能体系和职能边界方面更为成熟定型。

（一）职能类型齐备

检察职能应全面覆盖民事、行政、刑事、公益诉讼等法律领域，不仅应全面配置程序性职能，还要涵盖实体性职能。其中，制约性、监督性、救济性职能要素周全，刚性职能与柔性职能属性相得益彰。举例来说，随着全世界范围内“放弃审判制度”[①] 的发展，我国刑事诉讼形成以审判为中心和认罪认罚从宽的双层分化。在此背景下，检察机关在认罪认罚从宽制度中负有主导责任，应当完善配置以不起诉裁量权和量刑建议权为主要内容的实质处断权。习近平总书记在 2019 年 1 月中央政法工作会议上关于“要优化政法机关职权配置，构建各尽其职、配合有力、制约有效的工作体系”[②] 的论述，为“四大检察”提供了理念依据。全面依法治国的总体布局和政法司法体制改革也为“四大检察”的提出提供了社会背景。同时，检察机关职务犯罪侦查权部分划转至国家监察机关，也促使检察权能体系进行自我重塑。

时任最高人民检察院检察长张军在 2019 年 1 月 3 日新闻发布会答记者问中，正式提出刑事检察、民事检察、行政检察和公益诉讼检察四

---

① 熊秋红：《比较法视野下的认罪认罚从宽制度——兼论刑事诉讼“第四范式”》，载《比较法研究》2019 年第 5 期。

② 《习近平出席中央政法工作会议并发表重要讲话》，载中央政府网 2019 年 1 月 16 日，https：//www. gov. cn/xinwen/2019 -01/16/content_ 5358414. htm。

位一体的“四大检察”权能体系。3 月 15 日，最高人民检察院提出的“四大检察”被正式写入全国人大决议，其也成为中国特色社会主义检察制度进入新时代的重要标志。“四大检察”涵盖了诉讼权能、诉讼监督权能、诉讼外监督权能，刑事检察中的诉讼权能与诉讼监督权能由刑事检察部门统一行使，民事、行政检察中的诉讼权能由重新整合的公益诉讼检察部门行使，诉讼监督权能则分别由民事检察部门和行政检察部门行使，在行政检察中创新增设的行政违法行为检察监督和行政争议实质性化解，强化了对于行政权的监督，也成为中国检察的重要制度创新。“四大检察”涵摄了不同法律领域的诉讼元素和监督元素，各种元素之间既相互独立又互相依存，形成共生关系。刑事检察中有刑事附带民事诉讼、刑事附带民事或行政公益诉讼，以及民事行政检察、公益诉讼检察中能够发现职务犯罪等刑事检察案件线索。随着国家和社会治理的细分，各领域的法律关系也呈现复杂重叠的局面，“四大检察”的格局也促使法律监督逐渐实现了刑事、民事、行政和公益诉讼领域“四轮驱动”的全方位协调发展态势，并在此基础上发挥法律监督的整体效能。①

（二）职能结构均衡

检察职能结构均衡是检察工作现代化的必然要求。目前，以刑事检察“一家独大”的检察格局已经不能适应检察工作现代化的要求，而民事检察、行政检察和公益诉讼检察相对薄弱的状况亟待改善。因此，构建各取所需、各得其所的检察职能分配格局将产生最佳的结构效益。以“四大检察”和不同业务为脉络构建的检察职能结构应该在内部实

① 参见王海军：《“法律监督”概念内涵的中国流变》，载《法学家》2022 年第 1 期。

现横向一体和各项职能的全面协调发展。同时，在外部应充分发挥检察职能在司法系统、法政系统、法治系统和治理系统中的作用，最大限度地发挥执法司法制约监督的效能，进而与其他主体协同推进治理现代化。

我国检察机关的权能格局以“四大检察”为核心，这一独特的架构不仅彰显了我国检察机关在国家法治战略中的重要地位，更奠定了其政治基础。在新时代，“我国检察机关在国家权力结构中具有重要地位，检察改革在根本上受到宪法制度的规制，这要求在国家政治体制的总体格局中把握检察权的定位”①。这一观点凸显了检察权所具备的独立宪法地位，并强调了在国家政治体制总体格局中合理定位检察权的必要性。因此，作为维护法律统一正确实施的国家机关，检察权能的配置和实现必须在不同法律关系领域获得全面协调充分发展。同时，还要改变既往重刑事轻民事、轻行政的检察权能格局。民事案件无论是数量还是涉及面以及与人民生活的关联度都远超刑事案件。民法的扩张趋势与刑法的谦抑本性在检察机关对民事法律关系和刑事法律关系的监督中有所体现，这需要改变过去过于偏重刑事案件的检察发展格局。因此，要调整检察机关的重心，更加重视对民事案件的监督和处理。此外，行政权行使领域具有广泛性，但现行的行政裁判监督无法涵盖大量的行政违法行为，也无法直接监督行政违法行为。因此，行政检察应成为检察机关重要的权能，专门监督行政违法行为，丰富以行政诉讼监督为主的单一监督格局。行政检察权能配置的结构关系，是我国检察机关法律监督的政治性与司法性在职能配置结构关系中的充分体现，这也是我国检察工作现代化的重要方面。

---

① 苗生明：《新时代检察权的定位、特征与发展趋向》，载《中国法学》2019 年第 6 期。

（三）职能体系创新

作为一项复合型权力，我国检察权的权能配置从诉权到诉讼监督权，再到其他形式的监督权能，体现出职能体系的独创性。第一，以公共利益为统辖，检察机关诉权体系由刑事公诉和民事、行政公益诉讼组成。刑事公诉权是检察机关追诉犯罪的一项权能，主要包括审查起诉权、提起公诉权、不起诉权、支持公诉权、公诉变更权。其中形成了较为完备的不起诉权体系，涵盖了法定不起诉、酌定不起诉、存疑不起诉、附条件不起诉及特别不起诉等多种情形。不起诉权的完善，“不仅可以监督引导侦查权，还可以制约人民法院的审判权”[①]。此外，在认罪认罚从宽制度下，检察机关还被赋予“具有准终局性，从而对法院裁判形成刚性约束力”[②] 的量刑建议权。在“刑事诉讼第三范式”下，量刑建议制度在世界范围内还不具有普遍性。[③] 在此背景下，我国具有实质性的量刑建议权保障了认罪认罚从宽制度的有效实施，成为“刑事诉讼第三范式”下关键性的制度创新。在刑事领域之外，检察机关还被赋予了以关涉公共利益为要件的民事、行政公益诉讼这一新型诉权，与刑事公诉权同属于广义公诉权的范畴。民事、行政公益诉权的配置，突破了检察诉权仅存在于刑事追诉犯罪这一公共利益保护领域的局限性，通过民事、行政公益诉讼实现了检察权对公共利益的全方位保护。

第二，“有限的一般监督”广泛存在于诉讼领域和诉讼外领域，涵

---

① 常洁琨：《检察机关不起诉权的适用与完善》，载《甘肃政法大学学报》2021 年第 5 期。

② 胡铭：《认罪认罚案件中的量刑协商和量刑建议》，载《当代法学》2022 年第 2 期。

③ 参见熊秋红：《认罪认罚从宽制度中的量刑建议》，载《中外法学》2020 年第 5 期。

盖了多个方面。对诉讼活动进行法律监督是检察机关的主要职权，诉讼监督权遍布于刑事、民事、行政领域。我国《刑事诉讼法》《民事诉讼法》《行政诉讼法》均规定了检察机关对诉讼实行法律监督，《人民检察院组织》以“对诉讼活动实行法律监督”作为检察机关的基本职权。在诉讼外领域，特别是在对行政违法行为的检察监督和行政争议的实质性化解中，行政检察监督发挥着重要作用。其间，具备程序强制力的检察建议权被广泛运用，对行政行为进行监督和提出建议，确保行政机关依法行使行政职权，维护公民合法权益，并在推动行政争议的妥善解决中发挥重要作用。同时，检察建议权也在刑事、民事、公益诉讼等领域发挥作用。在公益诉讼中，检察建议内置并运行在行政诉讼之中，从而督促行政机关依法行政并推动涉及公共利益的案件的处理。在诉讼监督方面，检察机关通过监督和审查司法程序的运行，纠正错误裁判和违法行为，确保司法活动的正确进行。在社会治理中，检察机关积极通过履行检察建议的职能内涵，参与社会管理，对促进社会治理的规范化和法治化进程具有重要意义。

（四）职能边界开放

法律监督机关的宪法定位决定了检察权职能边界因宪法解释所具有的开放性。“法律监督机关”不仅是一个承担诉讼职能的机关，更是一个承担宪法职能的机关，检察机关成为具有宪法地位、人大制度下的专司法律监督的机关。[①] 我国《宪法》规定，“中华人民共和国人民检察院是国家的法律监督机关”，这一规定不仅赋予了检察机关宪法地位，也明确了其为专司法律监督的机关。同时，这也表明了“法律监督机

---

① 参见王海军：《“法律监督机关”的立法内涵、演进逻辑及内在机理》，载《现代法学》2022 年第 1 期。

关或法律监督成为一个狭义的宪法概念，进而获得了允许宪法解释的空间”①。宪法规范中的法律监督，是在宏观层面对法律的正确统一实施进行监督。宪法以其固有的抽象性、原则性和价值性为基础产生宪法解释，然而随着社会的发展，宪法解释不断变化，随之不断产生宪法变迁，因此法律监督的内涵与外延也会随之变化。在历史与当下、文本与现实的交织中，对法律监督的含义应当进行与时俱进的解读。例如，将行政执法的外部监督权能配置于检察机关，就可以在宪法解释中找到其理论正当性。这是因为，一方面，对国家机关的监督涉及国家政治体制和国家权力结构关系，是一个宪法问题；② 另一方面，检察机关的定位是法律监督机关，法律监督的根本价值在于保障法律的正确统一实施，行政机关为实施法律而开展的执法行为自然也包括在法律监督范围内。③

检察权作为司法改革中的变量因素，在自身发展中表现出权能配置的多元化和差异化，这也是基于法律监督机关的宪法定位。检察权是公权力中最具可塑性的调节性权力，用“尚未完成的机关”来描述世界范围内的检察机关仍具有普遍意义，其天然的可塑性，也导致其在不同政治体制下呈现出不同的制度形态。在我国，法律监督机关的宪法定位就成为形塑我国检察权能如何具体配置的依据和指导。实践表明，在政治体制和司法体制改革中，检察权在服务国家治理现代化中表现出权能配置的多样性，其以科学合理的权能配置形成国家权力制衡的支点。如

---

① 王海军：《人民检察院性质的理论辩思——“法律监督机关”的概念史考察》，载《华东政法大学学报》2022 年第 3 期。

② 参见刘小妹：《人大制度下的国家监督体制与监察机制》，载《政法论坛》2018 年第 3 期。

③ 参见秦前红、陈家勋：《论行政执法外部监督中正式监督机关的确立》，载《行政法学研究》2022 年第 1 期。

有观点阐释，“检察机关的法律监督机关宪法定位，也蕴含另一层深意，就是当某些事项处于监督空白或者其他国家权力监督体系都不监督的情形之下，作为‘国家的法律监督机关’的检察机关应当伸出监督之手，尽管这要受制于检察机关自身的资源和能力以及其他监督主体的具体监督情况，从而确保国家监督不留空白”[①]。

基于《宪法》规定的法律监督机关的定位，检察机关应逐步强化对抽象行政行为的监督。作为国家的法律监督机关，检察机关肩负着维护法制统一的基本职责，其监督应该涵盖抽象行政行为，并且对规范性文件的合法性的检察监督应该占据首要地位。[②] 2019 年，最高人民检察院在内设机构改革中将《立法法》（2015 年修正）第 46 条、第 99 条第 1 款的内容新增为工作职责，明确将提请权转化为自身工作职责。[③] 最高人民检察院工作职责原为“依法向全国人民代表大会和全国人民代表大会常务委员会提出议案”，在其基础上新增“向全国人民代表大会常务委员会提出法律解释要求，向全国人民代表大会常务委员会提出对行政法规、地方性法规、自治条例和单行条例是否符合《宪法》和法律进行审查的要求”[④]。此外，最高人民检察院对最高人民法院司法解释提出审查要求也有明确的法律依据，然而本次最高人民检察院职责调整中尚未体现该项权能。《各级人民代表大会常务委员会监督法》第 32 条第 1 款规定，“国务院、中央军事委员会和省、自治区、直辖市的人

① 朱全宝：《法律监督机关的宪法内涵》，载《中国法学》2022 年第 1 期。

② 参见韩成军：《人民代表大会制度下检察机关一般监督权的配置》，载《当代法学》2012 年第 6 期。

③ 参见朱全景、赵丹：《合宪性审查提请机制的完善——兼论检察机关宪法定位的充分落实》，载《法学杂志》2019 年第 6 期。

④ 参见中华人民共和国最高人民检察院主要职责（2019 年），载最高人民检察院官网 2024 年 10 月 22 日，https：//www. spp. gov. cn /spp/rmjcyjj/index. shtml。

民代表大会常务委员会认为最高人民法院、最高人民检察院作出的具体应用法律的解释同法律规定相抵触的，最高人民法院、最高人民检察院之间认为对方作出的具体应用法律的解释同法律规定相抵触的，可以向全国人民代表大会常务委员会书面提出进行审查的要求，由常务委员会工作机构送有关专门委员会进行审查、提出意见”。

（五）职能特性恒定

在世界范围内，各国普遍将职务犯罪的侦查权赋予检察机关或检察官，这是设置检察制度的通行做法。联合国关于检察官作用的准则规定了检察官在侦查中的职责，而各国也有不同的做法。在我国，根据《宪法》的规定，检察机关被明确定位为国家的法律监督机关，具有对贪污贿赂和渎职侵权犯罪的侦查权。尤其是反渎职侵权被认为是检察机关法律监督职能的体现。

在2016年11月中共中央印发《关于在北京市、山西省、浙江省开展国家监察体制改革试点方案》，部署在三省市设立各级监察委员会，从体制机制、制度建设上先行先试、探索实践，为在全国推开积累经验。2017年11月4日，全国人民代表大会常务委员会通过《关于在全国各地推开国家监察体制改革试点工作的决定》，将全国县级以上地方各级人民政府的监察厅（局）、预防腐败局和人民检察院查处贪污贿赂、失职渎职以及预防职务犯罪等部门的相关职能整合至监察委员会，实现对所有行使公权力的公职人员监察全覆盖。笔者认为，反渎职侵权职能保留在检察机关更有利于检察机关法律监督职能的体现。首先，反渎职侵权职能的保留，可以体现检察机关作为法律监督机关对于职务犯罪的进攻性，摆脱了在反贪污工作中相对被动的配角角色。其次，以渎职侵权职能的保留能够确保检察机关集中精力和力量查办渎职侵权犯罪，改善查办率低和案件分流的现状，缓解反腐败工作中的法治风险。最后，保留检察机关反渎职侵权职能，形成检察机关与监察机关分工负责、互相监督的腐败治理机制，能够解决监察机关权力过于集中和缺乏外部监督的问题。另外，检察机关的专业性确保其可以严格适用法律，解决渎职侵权犯罪中存在的问题，如非罪化处理和定罪量刑的轻刑化。[①] 简言之，保留检察机关的反渎职侵权职能对于保证其宪法定位和实现价值追求至关重要。

目前，对监察委员会行使权力提出了通过人大、社会和媒体进行监督以及监察机关的自我监督等方案，但仍存在一些挑战和尴尬，特别是因存在实效性问题受到质疑。因此，监察机关外部监督制约问题还是要依靠与检察机关形成均衡的双向制约来解决。所以，一方面，检察机关反渎职侵权职能的保留能够促进权力合理行使和监督机制的健全，为反腐败工作提供更加有力的支持。另一方面，渎职侵权行为往往伴随着对公民人身权利和民主权利的侵犯，而在现代法治国家中，检察机关不仅承担追诉犯罪的职责，更重要的是保障人权。也就是说，作为国家法律监督机关的检察机关应更注重发挥保障人权的功能，维持其对渎职侵权犯罪的侦查和追诉具有更大的合理性和必要性。[②] 因此，检察机关维持反渎职侵权的职能，能够在法律监督和保障人权两方面起到重要的调节作用，这对于反腐败工作具有重要意义。

总的来说，国家监察体制改革重新配置了国家权力，各相关机关之间展开了新一轮的协调与衔接。其中，特别是监察机关对于检察机关反

---

① 参见苏志强：《反渎职侵权：作为监察权监督的一种方式》，载《北京社会科学》2018 年第 7 期。

② 参见苏志强：《反渎职侵权：作为监察权监督的一种方式》，载《北京社会科学》2018 年第 7 期。

贪职能以及职务犯罪侦查权的承继。监察委员会制度改革整合了分散的反腐败资源，增强了监督力量、扩大了监督对象的范围，已然成为打击以职务犯罪为主的腐败行为的核心力量。当然，高度集中的权力必须得到充分的监督和制约，特别是应该重视作为专门国家法律监督机关的检察机关的外部检察监督。保留检察机关的反渎职侵权职能不仅符合其作为国家法律监督机关的角色定位，也有利于解决监察权缺乏外部专门监督的问题，这为处理监察体制改革过程中的检察机关定位和检察机关与监察机关关系等难题提供了思路。然而，无论是理论层面上对于制度体系的设计与架构，还是实践层面上的落地与完善，监察权和检察权间的协调与形成双向对称制约的机制都不是一蹴而就的，还需要更为深入的研究和长期的实践。

三、组织形式规范健全

（一）促进组织体系规范有序

我国目前形成的以层级式的一体化上下级关系、实体法兼顾程序法逻辑的内设业务机构以及具有创新形式的办案组织为框架的组织体系，在实现与各级行政机关、侦查机关、监察机关、审判机关对应关系的转换性调整，知识产权检察、金融检察等新型检察业务机构的动态性调整，以及办案组织的适应性调整等方面，为检察组织体系服务检察工作现代化提供了制度保障。在检察工作现代化整体目标下，检察机关通过规范统一调用辖区内检察官履职、构建职责的四级检察机关组织关系、以跨行政区划检察院去行政化，对专业案件类型在机构上进行“四大检察”整合，探索构建符合现代司法责任规律的办案组织，在检察组织体系内部进行动态调整，形成四级检察机关履职各有侧重、上级检察机关可以整合下级检察机关力量、构建与行政区划适当分离的司法管辖制度、内设机构之间协调履职、办案组织顺应司法责任规律的有序的现代化检察组织体系。

（二）优化内设业务机构配置

我国的检察机关内设机构主要划分为决策、业务及综合业务、行政管理服务保障三大类。我国将刑事、民事、行政、公益诉讼检察“四大检察”板块划分为普通刑事犯罪、重大刑事犯罪、职务犯罪、经济金融犯罪、刑事执行和司法人员职务犯罪侦查、民事检察、行政检察、公益诉讼检察、未成年人检察、控告申诉检察“十大业务”，并在最高人民检察院对应设置第一到第十检察厅。此外，还设有法律政策研究、案件管理、检察技术三个综合业务机构，地市级检察院和县区级检察院根据人员编制和办案数量等情况简化设置。大陆法系国家检察机关内设机构通常依据案件性质设置，一般不以职能划分为基础。我国刑事检察内设机构由程序法逻辑形成的批捕、起诉等机构调整为以实体法逻辑为主的刑事内设机构，民事行政检察和公益诉讼检察内设机构也是遵循的实体法兼顾程序法逻辑。这也与以案件类型为划分标准的国际通行做法相契合。

“在办案中监督，在监督中办案”及相应的诉讼、诉讼监督、诉讼外监督一体化思路在此次内设机构改革中得以凸显。刑事检察部门实行“捕诉一体化”办案机制，改变了按照不同职能与诉讼阶段设置机构、分段办案的模式，各地检察机关开始实行由一个部门统筹、一件事情由一个部门负责到底的“四同”办案模式。[①] 行政检察单列或相对独立的机构设置形式，更加符合行政检察部门开展行政诉讼监督和行政违法行

---

① 参见周新：《检察机关内设机构改革的逻辑与面向——权力属性视角下的实践分析》，载《当代法学》2020 年第 2 期。

为检察监督的“一手托两家”模式。行政公益诉讼机构的独立设置同样为诉前检察建议等非诉方式找到了更加适合的组织实现形式。较之域外国家，我国的检察机关内设机构设置更为规范和规整，对检察权的科学合理分解，成为影响和制约检察机关内部机构设置的根本要素。通过检察机关内设机构系统性、整体性、重塑性改革，检察机关法律监督总体布局将实现刑事、民事、行政、公益诉讼检察并行，检察机关法律监督职能行使将进一步优化。[①] 在全面深化司法体制改革的大背景下，检察机关内设机构改革积极适应新形势下检察工作规律和检察办案工作需要，促进检察业务均衡发展，具有鲜明的实务导向，是逐渐适应检察制度演进路径的结果。[②]

（三）创新完善办案组织形式

我国目前明确了独任检察官、检察官办案组两种办案组织形式，创新了检察官联席会议、检察委员会和检察长等决策形式，其中，检察委员会和检察长属于特殊的办案组织形式。检察机关办案组织是我国近年来司法改革的重要成果，作为具有自主性的办案单元，其成为司法办案去行政化的重要载体，同时也为司法责任制改革提供了制度前提。

检察机关办案组织较好地平衡了检察官主体地位和检察管理决策之间的关系。一方面，办案组织的司法化使检察官在司法办案中的主体地位得以保障。最高人民检察院 2017 年颁行的《关于完善检察官权力清

① 万春：《“四大检察” 协同共进　实现全面协调充分发展》，载《检察日报》2019 年 10 月 24 日，第 3 版。

② 参见周新：《检察机关内设机构改革的逻辑与面向——权力属性视角下的实践分析》，载《当代法学》2020 年第 2 期。

单的指导意见》规定："检察官应当在检察官权力清单确定的职权范围内独立作出决定。省级人民检察院可以根据人民检察院层级及案件类型，在检察官权力清单中明确业务部门负责人是否审核检察官职权范围内作出的决定。基层人民检察院业务部门负责人的审核权原则上应当严格限制并逐步取消。省级人民检察院和地（市）级人民检察院业务部门负责人的审核权可以根据实际情况适当保留。"而且，《最高人民检察院机关司法办案组织设置及运行办法（试行）》的相关规定也表明，即使业务部门负责人可以审核案件，也不能直接改变检察官意见或者要求检察官改变意见。去行政化就是在一定层级的检察机关内实行大部门体制，强化多点分布的办案单元功能，适当弱化业务部门的职权，弱化行政性纵向关系，由此形成检察机关以办案组织为中心和主体，符合检察规律和国际惯例的业务组织模式。①

另一方面，规范的检察管理决策也弥补了办案组织难以避免的缺陷。基于检察权的监督属性和诉讼职能，检察权在运行中呈现权力运行各要素之间相互耦合、整体作业的特点，包括检察权运行所遵循的上下一体和相互制约，按照各种职能属性形成不同的权力运行组织方式以及这些组织方式之间的相互协调、约束与影响这一"结构化逻辑"。② 检察管理决策能够从更高层次上防止检察权的恣意妄为，保证法律的统一适用。"结构化逻辑意味着合理适用的检察指令能够使检察办案组织在独立、自主行使检察权时成为有机统一的整体"。③

---

① 参见龙宗智：《检察机关办案方式的适度司法化改革》，载《法学研究》2013 年第 1 期。

② 参见陶建平：《检察权运行的结构化逻辑》，载《东方法学》2017 年第 6 期。

③ 高冠宇：《检察办案组织改革的法理思考》，载《河北法学》2020 年第 3 期。

四、中国特质鲜明突出

（一）我国检察权兼具司法性

检察权的司法性根植于其源头和职能配置，天然具有司法权的性质。检察权最早起源于刑事诉讼中控审分离的直接动因，用来缓冲侦查权的强制性和审判权的终极性。检察官在履行审查逮捕、审查起诉等职能时进行独立判断，在去行政化的过程中回归对司法权运行规律的遵从。司法性权力和政治性权力的运行规律存在差异，不能完全以政治性要求来指导专业性检察权的运行。当然，检察权毕竟不同于审判权这一典型性司法权，检察改革过程中的司法化具有限度。在法国，尽管检察权依附于行政权，但《宪法》确定检察机关作为司法机关。在德国，检察权同样依附于行政权，然而检察机关的司法权成分超越了其行政权的成分，是自成一体的“司法机关”。[①] “在多数大陆法系国家中，检察官属于司法官”。[②] 作为“站着的司法官”，法国检察官的“客观的司法官署”特点较为显著。即便是在英美法系国家，检察官也不同于一般的公务员。但总的来说，无论是在大陆法系国家还是在英美法系国家，“检察组织虽有单独设置与附属于法院之分，但都是行政组织的一部分，要受司法行政部门的管理和监督。又由于检察机关的主要职责是参加司法活动，依司法原则、程序行使权力，行使职权需要有一定的独立性，这就使检察权具有司法权的性质”[③]。

---

① 参见魏武：《法德检察制度》，中国检察出版社2008年版，第165～166页。

② ［美］Michael Tonry：《比较视角下检察制度的差异性》，郭大磊译，载《国家检察官学院学报》2018年第1期。

③ 徐益初：《司法公正与检察官》，载《法学研究》2000年第6期。

（二）我国检察权具有政治性

权力形态无不依托于法律模式和政治模式，二者相伴相生、相辅相成、相互渗透。在法治视角中，法律“使政治权力获得并维持足够的合法性”[①]，并且法律确实具有自主性。但在客观实践中，法律与政治的内在本质具有强关联，二者始终是密不可分的。[②] 因此，检察权的政治性是由法律在社会领域的实践所决定的。在我国，检察机关不仅是司法机关，更是人民代表大会制度下内生型监督要求中必然的政治安排。检察权是国家发展到一定历史阶段的产物，其不仅是嵌入司法程序对诉讼模式的改造，更是居于国家政治层面对国体和政体进行有力维护的权力形式。我国检察机关属于中国共产党领导下的政法机关。“党的领导”是检察机关履行宪法法律职责的政治前提。“‘法律监督’是一种政治体制，或者说是一种政治权力的运作机制，准确地说是一种政治权力运行的控制机制”。[③] 检察权价值的演进历来遵循特定的政治逻辑，在长期的历史实践中，检察与政治形成“共生”关系。中华人民共和国成立初期，检察权在确立之时即被赋予了重要的政治使命。“人民检察署是中华人民共和国中央人民政府成立时新建立的机关，是人民民主专政的重要武器之一”。[④] 长期以来，“检察机关一直承担着各个时期的

---

① 姚建宗：《论法律与政治的共生：法律政治学导论》，载《学习与探索》2010 年第 4 期。

② 参见姚建宗：《论法律与政治的共生：法律政治学导论》，载《学习与探索》2010 年第 4 期。

③ 梁景明：《论法律监督的二重性——基于法治和政治二场域的讨论》，载《法学杂志》2008 年第 1 期。

④ 李六如：《关于〈中央人民政府最高人民检察署暂行组织条例〉和〈各级地方人民检察署组织通则〉草案的说明》，载《人民日报》1951 年 9 月 5 日。参见武延平、刘根菊等编：《刑事诉讼法学参考资料汇编》（上册），北京大学出版社 2005 年版，第 725 页。

政治任务，是一个政治机关，检察机关的政治性与探索性紧密相关，其所承担的政治任务指引着探索的方向”。[①] 从法国检察官角度来看，其政治角色与司法角色之间的桥梁作用是检察机关逐渐发展形成的全新职能。[②]

（三）我国检察权独具人民性

检察权的人民性是中国特色社会主义检察制度的本质特征。在我国，检察权的司法性与政治性的辩证统一及其结合体现出的矛盾特殊性，必然创新发展出我国检察权人民性的特质，人民性是检察权的司法性与政治性共存的基本逻辑。党对检察工作的领导使检察权的政治性中包含人民性，《中国共产党章程》明确规定：“坚持全心全意为人民服务。党除了工人阶级和最广大人民群众的利益，没有自己特殊的利益。党在任何时候都把群众利益放在第一位……”检察权与人民代表大会制度的关系决定了我国检察权所具有的人民性特质，“人民民主专政的社会主义根本制度决定了我国实行人民代表大会的政权组织制度，人民代表大会制度又决定了检察权的性质。我国宪制安排决定了检察权源自人民授权，检察民主系人民民主之构成，人民检察院代表国家行使法律监督的实质是代表人民进行法律监督，忽略这一检察民主的宪法逻辑，实质上违背了人民民主原则”[③]。“人民代表大会制度，不仅为检察机关作为国家法律监督机关的独立设置提供了制度基础，使检察机关在国家权力结构中有了独立的法律地位，而且将检察机关设置在各级人民代表

---

① 刘菲、祁菲：《论检察制度的探索性特征》，载《南京社会科学》2016年第12期。

② 参见［法］菲利普·米尔本、卡蒂亚·克斯图斯基、丹尼斯·萨拉斯：《法国检察官：司法使命与政治功能》，刘林呐、单春雪译，中国检察出版社2021年版，第148页。

③ 王孟嘉：《论检察权人民性的回归及其制度修正》，载《西北民族大学学报（哲学社会科学版）》2020年第5期。

大会之下，向人民代表大会负责，进一步从组织上保证了检察机关的人民性”。[①] 党对检察机关的领导是通过人民代表大会的组织形式，将人民利益至上的政治主张贯穿于检察权运行全过程，检察机关确保由全国人民代表大会所制定法律的正确统一实施，在法律至上的引领下，让人民群众在每一个司法案件中都感受到公平正义。

第二节 提升检察权运行的有效性

一、树立宪法法律权威

（一）保障法律正确实施

作为《宪法》和法律的守护者，检察机关肩负着维护法律权威和推进法治中国建设的重要责任。“加强检察机关法律监督工作”是推进中国法治现代化的必然要求。检察机关作为法律监督机关，保障法律正确实施是树立宪法法律权威的根本途径，是检察机关权力运行现代化的根本价值。因为法律的实施不仅是将法律从文字、条文转化为生活的法律和行动的规范，更要确保法律在实践中获得时效性和生命力，成为切实有效的法律，也就是“活的法律”。与此同时，只有通过对违反宪法法律的现象进行纠偏和制裁，法律才能够确立起权威。[②] 所谓法律监督，本质上就是保障法律正确实施的宪法权能。检察权运行从根本上要

① 张智辉：《论坚持党的领导与依法独立行使检察权》，载《人民检察》2021 年第 13 期。

② 参见郑磊、贾圣真：《十八届四中全会宪法法律实施观解读》，载《中共浙江省委党校学报》2017 年第 4 期。

确保司法裁判正确适用法律，确保法律适用的结果得到有效的执行，确保行政违法行为得到及时纠正，确保公共利益受到法律的有力保护。同时，检察权运行还要从根本上实现不同地区之间执法司法标准平衡，实现法秩序统一性原理落实于司法裁判中，实现司法裁判从形式公正到实质公正的转化，实现以司法自由裁量权弥合立法失衡。

（二）行使宪法监督职能

历史上，我国检察机关曾间断性地行使过宪法监督职能。1949 年《中央人民政府最高人民检察署试行组织条例》规定，“（1）检察全国各级政府机关及公务人员和全国国民是否严格遵守人民政协共同纲领及人民政府的政策方针与法律、法令”。1951 年《中央人民政府最高人民检察署暂行组织条例》第 3 条第 1 款第 1 项和《各级地方人民检察署组织通则》第 2 条第 1 项也作出相同的规定。1954 年《人民检察院组织法》第 3 条规定，“最高人民检察院对于国务院所属各部门、地方各级国家机关、国家机关工作人员和公民是否遵守法律，行使检察权”。第 4 条第 1 项规定各级检察机关对于国家机关的决议、命令和措施是否合法进行监督。在第 8 条第 1 款规定了最高人民检察院发现国务院所属各部门和地方各级国家机关的决议、命令和措施违法时的抗议权；第 2 款第 1 项规定了地方各级检察机关的纠正权。1978 年《宪法》第 43 条第 1 款作出与 1954 年《人民检察院组织法》第 3 条相同的规定。1979 年《人民检察院组织法》，检察机关的宪法监督职能随着一般监督的取消而不复存在。

在实践中，合宪性审查往往由法律专业人士以公民身份依据《立法法》第 110 条第 2 款的规定向全国人大常委会行使合宪性审查建议权。然而，由于缺乏明确的处理程序，这类案件大多无法得到解决。即便在具有重大社会影响事件中也很少进行是否合宪性的审查。长期以来，我国的合宪性审查主要是作为一种抽象的最高代表机关的权力，而不注重从机构设置、人员保障、程序构建等方面将其转换为一种现实的权利，这导致合宪性审查的实践效果不明显，与法治中国建设的要求不符。

尽管现行《宪法》和《人民检察院组织法》都没有明确检察机关宪法监督的权力，但在《立法法》中仍然存在明确的法律依据。《立法法》第 110 条第 1 款规定了最高人民检察院对同《宪法》或法律相抵触的行政法规、地方性法规、自治条例和单行条例合宪性审查的提请权。检察机关的合宪性审查权体现了检察机关专门监督的特性，作为专门的法律监督机关，检察机关有权力、有责任针对行政立法等抽象行政行为开展检察监督。法律监督不仅要保障法律的准确实施，更要从源头上保证法律与宪法的高度统一。作为一项程序性权力，检察权平衡公权力的主要方式即启动司法程序。同时，检察权还是一项主动性的权力，兼具程序性与主动性的权力特质，使检察权不仅在《宪法》上被定位为法律监督机关，事实上也符合法律监督的权力运行要求。

此外，域外也基本遵循检察官负责合宪性审查的先例，两大法系都有许多国家由检察官负责提起合宪性审查的诉讼。《法国刑事诉讼法》第 621 条规定，当上诉法院或重罪法院，或者轻罪法院或违警罪法院作出的终审判决可以向最高法院提起上诉，但任何当事人在规定的期间内均未提出上诉时，即使上诉期间已过，驻最高法院总检察长仍可以依职权对该种判决提起上诉，但仅以维护法律之利益为限。[①]《日本刑事诉讼法》第 454 条至第 464 条也规定了类似的非常上告程序，即法院判决

---

① 《世界各国刑事诉讼法》编辑委员会：《世界各国刑事诉讼法（欧洲卷·上）》，中国检察出版社 2016 年版，第 674 页。

以后总检察长为纠正违法、统一解释法律启动的非常上告程序。[①] 非常上告程序设置的主要功能在于统一解释和适用法律。

因此，为了激活合宪性审查制度，除了需要具有公开性和可遵循的程序设计外，将来还应该赋予合宪性审查的可诉性。这意味着需要将各级检察机关的合宪性审查建议权转化为检察机关的诉权。从宪法学的角度，对抽象行政行为提起行政公益诉讼，构成合宪性审查的一种独特方式。理论上，任何行政违法行为都应纳入行政检察监督的范围，包括抽象行政行为。事实表明，对于公共利益的侵害大多都源于抽象行政行为的违法。因此，作为专门的法律监督机关，检察机关有充分必要对抽象行政行为进行监督，以建立抽象权力机关合宪性审查的司法实践机制。

（三）强化法律监督职能

党的二十届三中全会通过的《中共中央关于进一步全面深化改革推进中国式现代化的决定》第九部分专章提出“完善中国特色社会主义法治体系”，再次强调“确保执法司法各环节全过程在有效制约监督下运行”。检察机关作为法律监督机关具有超越诉讼程序的权力，以纠正一切案件中的违法行为。然而，目前的法律监督仍存在诸多不足，表现为全面监督缺失、监督力度不够等问题。要提升检察权运行的有效性，关键是要强化检察机关的法律监督职能。检察机关法律监督职能应该与其准司法性的专门法律监督相匹配，确保其在法治体系中的地位得到充分体现。《宪法》第134条明确规定了检察机关是具体的法律监督机关，所以应当强化其法律监督职能，使其真正成为法治建设的重要力量。毋宁说公权格局调整背景下的中国检察机关，即便是检察制度较为

---

① 《世界各国刑事诉讼法》编辑委员会：《世界各国刑事诉讼法（亚洲卷）》，中国检察出版社2016年版，第360页。

成熟的德国，也被罗科信教授称作“尚未完成的机关”。这一判断给予我们启示，对于检察机关的职能设置及其运行远不能局限于实然的制度安排，而应该站在法治全局审视其独特的地位。

当前，法律监督职能发挥不够充分，法律监督仍存在许多盲区，全方位的监督缺席，不敢监督、不想监督、不善监督、不能监督的问题依然突出。因此，要立足法律监督的宪法定位，通过各项职能不断强化检察机关的法律监督地位。除了检察机关成熟的公诉权之外，还应进一步发展形成定罪公诉、量刑公诉、程序性公诉、违法所得没收之诉、精神病人强制医疗之诉、未成年人附条件不起诉等结构化公诉权形态，以适应实践中不同案件的特点和需要。至于侦查监督，当前侦查监督中的实质性监督开展困难，监督的深度还不够。这主要是检察信息不对称，缺乏有效的监督手段以及监督能力不够等原因造成的。将来，立案监督与侦查活动的同步监督应该成为侦查监督的主要使命。尤其是刑事立案监督，属于刑事诉讼启动的监督，更要加大监督力度。刑事抗诉不能只站在国家追诉的立场，还要站在国家法律监督的高度行使抗诉权。民事、行政公益诉讼在制度设计上与刑事公诉具有高度相当性，因此，也必须注重诉讼法律关系与法律监督之间的关系。行政诉讼需要配置调查权等强制性权力，解决鉴定启动、证据规则等运行中的难题。刑罚执行方面，我国刑法主体多元，这就对刑罚执行的规范性和统一性提出较高要求。检察机关对各执行主体的执行行为进行全面的监督，但刑罚执行中的许多问题却都不在检察监督的视野内，主要原因与侦查监督薄弱类似，也在于监督信息不对称、监督方式缺乏刚性等。因此，要重新建立刑事执行监督机制，如建立健全巡回巡察制度、特殊案件成立调查委员会制度等。针对检察权运行中表现出的各种问题，应当注重检察职能的侧重和检察监督方式的调整。只有在实践中完善各项检察职能的运行，才能从整体上提高检察机关法律监督的合力。

二、促进权力制约监督和权利保护现代化

（一）权力制约监督和权利保护现代化的一体两面

一方面，检察权的发展根植于侦查权和审判权之间，因而具备了制约权的属性。在历史演进中，检察机关逐步形成了法律监督的权力形式，体现了检察权的现代化价值。作为《宪法》规定的法律监督机关，检察机关在国家监督体系中发挥着控权机能，从而实现对权力制约监督的现代化价值。另一方面，中国特色社会主义法律体系还是以权利保护为核心的规则体系，新时代法治语境下的法律监督，以公民基本权利保护为切入点，[①] 新时代检察机关紧紧围绕“权利”之法治内核解决法治发展不平衡的问题。同时，尊重和保障人权也是构成法治现代化的最典型特征。在检察机关的各项职能中，在侦查监督、刑事诉讼、刑事诉讼监督和刑罚执行监督等方面，检察机关通过现代司法理念和先进的证据规则、刚性的制约监督手段促进尊重和保障人权现代化。通过这些举措，检察机关在实践中不断推动权利保护，不断提升法治现代化水平。

（二）中国式法治现代化的核心在于通过法治实现权力制约

国家权力只有在权力制约监督中才能达到权力运行的平衡，权力制约监督价值体现了公权力规范运行对于人民民主和法治国家的满足程度。“权力制约和监督的各要素和环节紧密衔接、相互作用，形成一个有机统一的整体，从而使权力在法定的范围内有序运行，发挥预防和纠

① 参见魏晓娜：《依法治国语境下检察机关的性质与职权》，载《中国法学》2018 年第 1 期。

正权力偏离公共利益的轨道的作用”。[①]

1. 主体关系层面的制约监督体系应更加完善。第一，要重新厘定不同权力主体之间制约的原则关系。规范层面的“互相分工、互相制约、互相配合”三项原则之间的关系，主要取决于刑事诉讼的价值。检察价值实现由打击到保护、修复的重塑，刑事检察价值基于相对单一的打击犯罪所需的侦、诉、审合力性价值已不适合新的司法形势。保护、修复等新的价值需要刑事诉讼中不同国家权力主体回归各自在刑事诉讼中的原本角色。“互相分工、互相制约、互相配合”三原则不再是平等的关系，互相制约走到前台成为优先于互相配合的刑事诉讼原则，检察制约在刑事诉讼中发挥主导作用。刑事检察的价值重塑在原则关系层面深刻影响执法司法制约监督体系。一方面，制约关系超越配合关系发挥主导作用。刑事检察价值重塑以后，侦、诉、审之间的制约关系成为高位阶的原则，当配合原则与制约原则冲突时，应优先适用制约原则。另一方面，检察制约发挥主导作用。在侦、诉、审三方主体形成的制约关系中，检察权处于承转的枢纽地位，其深刻反映了刑事诉讼闭合程序运行的异质性、阶梯性与自控性机理。认罪认罚从宽制度中检察机关通过权力制约发挥主导作用，同时实现保护、修复等刑事检察新价值。即使是在以审判为中心的刑事诉讼体系中，检察制约不是被弱化反而对其强度的要求更高。[②] 此外，制约配合应贯穿于政法领域主要公权力之中。自党的十八届四中全会关于健全公安机关、检察机关、审判机关、司法行政机关相互配合制约的体制机制到当前党的二十届三中全会

---

① 参见周义程：《权力运行制约和监督体系的概念界说》，载《行政论坛》2014 年第 3 期。

② 相关内容参见陈光中等：《以审判为中心与检察工作》，载《国家检察官学院学报》2016 年第 1 期；曾珍、张晓媛：《新时代检察机关法律监督职能的发展路径研究》，载《湖北师范大学学报（哲学社会科学版）》2020 年第 4 期。

提出健全监察机关、公安机关、检察机关、审判机关、司法行政机关的相互配合制约，重点围绕健全监察权、侦查权、检察权、审判权、执行权运行的体制机制研究，着力破解各权力在运行中存在的制度不配套、部门不协同、制约不平衡问题，不仅是优化权力职权配置的核心内容，也是全面深化改革，加强权力系统集成、统筹部署的必然要求。现代化进程中，政法领域主要公权力之间的相互配合制约应当呈现整体性观照，在当前“五机关”权力运行的复杂关系中精准提炼影响配合制约关系的问题与症结，旨在实现国家权力的良性运转，并在《宪法》、法律框架下实现办案程序的衔接。

第二，要重新审视监督与制约的形态关系。从权力控制的角度看，我国检察权可以分为制约性的检察权力形态和监督性的检察权力形态，检察权是以权力控制权力和以法律控制权力的有机组合。[①]“制约是由相关权力主体（机关、机构或个人）各自承担特定的执法任务所产生的”，[②] 而监督的主体与客体之间则不一定具有某种特定的联系。如若在打击犯罪之外统筹保护、修复等刑事检察新价值，就要辩证履行检察机关的制约与监督职能，构建“在监督中办案，在办案中监督”的新的形态关系。有学者引入“权能”之新的分析工具，提出法律监督是检察权的特别权能的新思路，进而提出“遵循诉讼权能与监督权能的基本关系，在诉讼中发挥监督职能，使监督回归诉讼”的新方案。[③] 此外，第十五次全国检察工作会议指出，“检察机关法律监督与诉讼办案一身二任、职能一体两面”也就是说，检察机关实现了监督职能与制

---

① 参见夏文忠：《论检察职能——以监督、公诉、司法审查职能为例》，浙江工商大学2019年硕士学位论文，第10页。

② 谢鹏程：《也谈监督、制约和制衡》，载《检察日报》2008年5月29日，第3版。

③ 巩寒冰：《检察权的双层权能与效力实现》，载《时代法学》2018年第6期。

约职能的有效结合。在诉讼办案中，检察机关的制约职能与监督职能互相独立又有机统一，从而形成合力填充检察权的权力控制系统。违法执法的司法监督线索源于办案过程，而监督职能的履行又贯穿于诉讼办案程序之中。

2. 行权方式层面的制约监督体系应更加完善。首先，诉讼程序内制约的审查方式应更加科学化。[①] 按照我国《宪法》和法律规定，检察机关行使一定的审查职能，包括对批准和决定逮捕进行审查、对侦查机关延长或重新计算羁押期限的申请和羁押必要性进行审查等。这种审查机制与检察机关侦查监督部门对立案和侦查活动的监督职能不同，而与审查起诉职能一样具有司法裁决的特性。捕诉一体办案机制实际是强化审查方式的逻辑。其一，捕诉一体易产生有利于被追诉人的“正向抑制”，有利于矫正以往长期存在的逮捕率畸高的积弊，使逮捕在实际效果上表现出“谦抑性”，从而回归人权保障的程序功能；其二，捕诉一体可以将审查逮捕与审查起诉做关联性考量，强化刑事诉讼闭合程序内的制约合力；其三，捕诉一体下审查批捕的程序环节向审查起诉开放，审查起诉程序的功能得以前置，在审查批捕过程中便能以面向起诉的视角和标准介入侦查，实现对侦查行为全面、深入、具体的引导和约束。[②] 此外，由于审查逮捕不断趋于实质化，应强化逮捕必要性和羁押必要性审查。2021 年 1 月，最高人民检察院发布全国检察机关首批检察改革典型案例，同时指出对轻刑犯罪、过失犯罪、未成年犯罪等案件，积极推行“以非羁押为原则，羁押为例外”的刑事诉讼新格局。

其次，诉讼程序外监督中的审查方式应更加常态化。检察权运行不止在于诉讼程序内，进入新时代，“检察院职权的实际行使重心再次向

---

① 参见陈瑞华：《论检察机关的法律职能》，载《政法论坛》2018 年第 1 期。

② 参见陈实：《论捕诉一体化的合理适用》，载《法商研究》2019 年第 5 期。

（刑事程序以外的）监督工作转移，既具备法律依据，也合乎事理逻辑，……监督工作将会是下一阶段检察院工作的重点”[①]。法制统一，是法律监督之所以存续的直接原因和形式目标。[②] 法制统一从法律实施和法源规范之两端行权，最大限度实现法律监督机关护法的宪法权力、责任、义务。我国的检察权作为一项独立的权力形态，存在于以人民代表大会制度为统合的权力监督制约体系之中，其超越了刑事诉讼程序意义上的权力互相制约，“其实质是源于宪法并在权力机关之下的专责监督模式”。[③] 国家治理现代化突出强调加强系统治理、依法治理、综合治理、源头治理，把制度优势更好转化为治理效能，落实于刑事检察中，就是不局限于对司法办案、诉讼程序进行法律监督，更加主动作为，从法源规范的路径展开检察权参与国家治理的现代化进程。刑事检察职能行使中涉及合宪性审查的事项，应由最高人民检察院根据《立法法》提出审查要求。2019 年检察机关内设机构改革中，最高人民检察院明确将《立法法》中规定的合宪性审查的检察权能转化为检察机关的新增工作职责。因此，需建立配套合宪性审查工作机制和方式，将审查提请权结合于检察机关的日常履职和司法办案之中。

3. 形式结构层面的制约监督体系应更加完善。第一，制约监督的分化结构应更加精细。新的刑事诉讼范式致力于实现不同刑事价值的平衡，对于这些价值的开放性理解至关重要。这种价值平衡反映在制约监督体系中，构成了一体二元刑事诉讼结构，即一方面是以审判为核心的

---

① 黄明涛：《法律监督机关——宪法上人民检察院性质条款的规范意义》，载《清华法学》2020 年第 4 期。

② 参见秦前红、石泽华：《新时代法律监督理念：逻辑展开与内涵阐释》，载《国家检察官学院学报》2019 年第 6 期。

③ 秦前红、石泽华：《新时代法律监督理念：逻辑展开与内涵阐释》，载《国家检察官学院学报》2019 年第 6 期。

传统模式，注重复杂性的增加；另一方面是以检察为主导的认罪认罚从宽模式，强调简化。换言之，“繁者更繁”和“简者更简”构成了刑事诉讼系统中的二元分化。进而，这种分化的刑事诉讼系统也相应促进了执法司法制约监督体系的分化结构。在以审判为核心的刑事诉讼系统中，建立了层层递进的制约监督结构，以确保案件事实的查明，进而实现刑事权力主体追求的公正和惩罚犯罪的价值。而在以公正和惩罚为主要价值的线性结构中，需要注意其对检察机关起诉便宜主义的抑制，以及对合作等新价值的忽视等情况，这使线性结构下的制约监督需要更加强调客观义务类型的国家权力。从制约监督权力良性配置的角度来看，繁简分化恰恰是审前功能日益完善的根源，同时也为推进认罪认罚从宽系统的司法改革提供了解释基础。① 在以检察为主导的认罪认罚从宽制度中，尤其是在轻罪案件中，效率、预防犯罪、自由成为需要因案平衡的重要价值。认罪认罚从宽制度不仅着眼于提升诉讼效率，更着重于化解社会矛盾，促进罪犯改造，降低预防犯罪的成本，凸显自由价值。因此，应该充分发挥检察机关通过检察裁量进行制约监督的作用。

第二，制约监督的优化结构应更加明确。当前认罪认罚从宽制度的定位不够清晰，似乎更像是对已有制度的修正或整合。这也导致在制度的全面实施中，将认罪认罚从宽笼统地置于“程序简化”的模糊认知和行为模式中，而非是一项具有明确定位和机制的制度。其套用或嵌用式的存在成为司法的惯常实践样态，在其根本性程序、机制、方式的顶层设计中存在不足。认罪认罚从宽系统的结构是否科学、合理，既关乎制度本身是否符合形式理性要求，又影响其作为执法司法制约监督体系良性运转制度载体的效用是否发挥。因此，要平衡检察效率与公正、惩

---

① 参见李奋飞：《论控辩关系的三种样态》，载《中外法学》2018年第3期。

罚与预防、安全与自由[①]等价值，就要通过结构优化来协调酌定不起诉与附条件不起诉、裁量不起诉与刑事和解以及认罪认罚从宽简易程序间的冲突与协调。[②] 例如，附条件不起诉扩大适用于成年人犯罪，其不仅可以进行一般预防更可以强化犯罪的个别预防，提升刑事犯罪预防价值。同时，附条件不起诉与缓刑的替代适用之间还产生了相当的效率价值。

（三）权利法治成为中国式法治现代化的基本形态

法律以人的存在、境况为其调整的基础，必须以人为核心，凸显法学即为人学的人文价值追求。[③] 因此，人应当成为法治真正的缔造者和获益者，法治的各个环节应充分贯彻、体现对人权价值的根本追求。[④] 权利保护法治化应当成为中国式法治现代化的基本形态。

第一，对刑事司法中的基本权利形成守护。刑事诉讼中权利的守护，需要特别强调以刑事强制措施实施为核心对人身权、财产权和隐私权的守护。现行司法体系下，主要由检察机关通过侦查监督权对侦查机关的立案等行为进行监督。然而，由于检察机关履行监督职能的范围受限，导致侦查机关采取的强制措施、侵犯个人权利的行为往往处于无司法审查和司法救济的灰色地带。也就是说，如果检察机关的司法审查权

---

① 尤其是风险刑法将防卫线前置，对自由保障和刑事法治不利，其反映出安全与自由之间平衡的矛盾。参见李勇：《刑事模式变迁中的检察权》，载《人民检察》2019 年第 Z1 期。也有学者指出，“现代法律的最高价值，是要实现人的自由和秩序需求的有机统一”。谢晖：《价值重建与规范选择：中国法制现代化沉思》，法律出版社 2019 年版，第 49 页。

② 参见付奇艺：《认罪认罚从宽程序的体系完善与结构优化——从“以审判为中心”切入》，载《中国政法大学学报》2016 年第 6 期。

③ 参见胡玉鸿：《法学方法论的属性定位、发生契机与体系构造》，载《学术月刊》2023 年第 4 期。

④ 参见吴思远：《从“权力主导”到“权利本位”：刑事在线诉讼的法治悖反与归位》，载《学术月刊》2024 年第 2 期。

缺席，就会导致侦查权的滥用和人权受到侵害。因此，必须明确检察机关的司法审查权的范围和程序，将其扩大至对侦查程序的全覆盖是确有必要的。

理论上，只要是侦查机关试图采取以侵犯犯罪嫌疑人人身、财产抑或其他正当权利的行为，就必须经由检察机关司法审查权的过滤。尤其是技术监听、财物冻结等事关重大的侦查决策的作出，都需检察监督的及时介入来消灭人权保障的“死角”。目前法律赋予检察机关的司法审查权，只存在于检察机关批准和决定逮捕以及侦查机关延长或重新计算羁押期限的申请和羁押必要性的审查等程序中。检察机关侦查监督部门既行使批准和决定逮捕的司法审查权，又行使立案侦查活动的监督权，遮蔽了司法审查权作为一项独立性质权力的应有地位。当前，在《宪法》和刑事诉讼法框架下明确检察机关司法审查权的范围、程序、机制以及实现检察机关对侦查权中除逮捕以外的拘传、取保候审、监视居住、拘留四种强制措施，干预公民财产权、隐私权的搜查、查封、扣押、冻结以及直接干预隐私权的技术侦查措施等的司法审查权，既是解决当检察司法矛盾的迫切要求，也是缩小灰色地带的法律要求，更是消除权利保障的灰色地带的司法基础。

监察体制改革后，监察委员会的调查权与公安机关的侦查权形成呼应，都需要完备的司法实现机制。在没有正式形成立法之前，检察机关积极与监察机关协调取得共识，构建内部司法审查工作机制则更为合理。在监察委员会采取留置措施期间，检察机关通过建立内部工作机制提前介入：一方面，检察机关对是否有逮捕必要进行司法审查，能够让权能运行在国家权力架构中更具备法治层面的合理性。[①] 另一方面，检

① 参见郭世杰：《论监察权和检察权的衔接与协调》，载《青海社会科学》2022年第3期。

察机关能够建立起有效的外部监督机制，对监察机关的调查活动形成直接的制约，预防“监察中心主义”的风险[①]。因此，强化事实上对监察委员会的司法审查权，则更能体现检察监督对权利的守护。

第二，对行政行为中的典型权利形成守护。行政行为中的权利守护，主要围绕警察的治安管理权和行政违法行为中对公民的权利守护行使检察监督。党的十八届四中全会《中共中央关于全面推进依法治国若干重大问题的决定》提出，“完善对涉及公民人身、财产权益的行政强制措施实行司法监督制度。检察机关在履行职责中发现行政机关违法行使职权或者不行使职权的行为，应该督促其纠正”。公安机关在刑事诉讼程序之外进行治安执法过程中，如强制隔离戒毒等涉及对公民人身权、财产权、隐私权的侵犯，成为公民权利守护的灰色地带，亟须通过检察监督来填补权利保护的空白。《禁毒法》第 47 条规定，强制隔离戒毒的期限为 2 年，若情况特殊时间最长可以延长到 3 年。不难发现，在这些行政强制措施的相关规定的背后，或者严重违背宪法的权利保护精神，或者其决定权和执行权过于集中，大多数由公安机关控制，缺乏有效的权力制约，可能导致公安机关的行政权能与侦查权能将行政执法活动变成内部程序，造成权力封闭性运行的常态化，[②] 极其容易形成对权利保护的漏洞。

而其他行政违法行为则更是形式多样。根据胡建淼教授的观点，行政违法行为主要包括行政失职、行政越权、滥用行政职权、事实依据错误、适用法律错误、程序错误、行政侵权等类型。这几类行政违法行为

---

① 参见詹建红：《检察机关提前介入监察调查的制度性思考》，载《法商研究》2023 年第 2 期。

② 参见蒋勇、陈刚：《公安行政权与侦查权的错位现象研究——基于警察权控制的视角》，载《法律科学（西北政法大学学报）》2014 年第 6 期。

既有因“人”的贪污贿赂、渎职而违法，也有行政过程中因“行为”的违法。因“行为”的违法主要包括以下几种：其一，事实不清、证据不足。主要指行政主体对事实调查取证不扎实，对相关材料审核不认真，作出的行政行为所依据的事实不清，缺乏充分的证据支持。其二，违反法定程序。行政主体没有遵守法律法规要求的行为方式、采取法律法规禁止的方式，随意增减、颠倒行政程序，突破行政行为期限违法等。其三，适用法律错误。主要是对法律法规理解错误，法律法规冲突时违法适用规则等。其四，超越职权或怠于履行职权。超越职权主要是行政行为缺少法律依据，怠于履行职权主要是行政不作为，应当履行而不予履行或拖延履行职权。这些形式的行政违法行为，均会不同程度剥夺行政相对人的实体权利或程序权利，而行政相对人通过行政复议或行政诉讼的方式保护权利，都有显而易见的不利因素。实践中，公民以行政相对人的身份进行维权的效果也并不显著。因此，行政检察权作为兼具监督性和救济性的权力，通过对行政违法行为进行检察监督和提起行政公益诉讼的方式，减少行政权对公民权利的侵害。

第三，对民事活动中的普遍权利形成守护。人身权、财产权、人格权是人的美好生活需要的动态延展，民事司法活动要坚持权利保护的广泛充分，加强对基本民事权利的守护。[①] 基本民事权利保护要求全面推进依法治国，推动国家治理体系和治理能力的现代化。[②] 在民事诉讼中，检察机关对民事审判程序、对民事裁判结果和执行活动的监督，通过提起民事公益诉讼或支持起诉，实现对权利的守护。

---

① 参见王利明、朱虎：《论基本民事权利保护与人权保障的关系》，载《中国人民大学学报》2022年第5期。

② 参见王利明、朱虎：《论基本民事权利保护与人权保障的关系》，载《中国人民大学学报》2022年第5期。

1. 民事诉讼监督中的权利守护。民事诉讼监督兼具监督与救济的双重特性。作为法律监督的重要功能，私权救济与公权监督都是法律监督的下位概念，私权救济丝毫不影响检察机关的法律监督机关性质。私权救济与公权监督在形态上都表现为针对民事诉讼中的违法违规现象，在功能上则都发挥纠错的作用。救济与监督之间存在制度或程序上紧密的内在关联，监督既可能基于检察监督职权启动也可能因私人救济而开启，二者互为因果。当检察监督因私人救济而开启时，这种监督对于当事人而言就是救济。实践证明，检察机关通过民事抗诉制度客观上确实能够实现对民事诉讼当事人的权利救济。而当事人启动检察监督的动机，往往也是对权利救济的直接追求。

2. 民事执行监督中的权利守护。在我国现有的法治状况下，权利对权力的制约还无法由权利独自完成，权利和权力力量对比的巨大差异使权利对权力的制约必然要经由另一种权力来实现，即通过另一种权力对权力的监督来实现。执行作为权利实现的“最后一公里”，很多权利只有通过执行才能从纸面上的权利变为现实中的权利。根据我国《民事诉讼法》的规定，执行主体既有权处理执行中的程序性问题，也有权处理程序中涉及的实体性问题，权力较大且集中。与此相反的是，有关当事人和案外人在执行程序中享有的权利救济的规定却相当缺乏。基于上述情况，应当设立一种补救的保护方法，即建立完善的民事执行救济制度。民事执行检察监督体制是弥补执行程序中对执行当事人和案外人合法权益保障不足的重要制度，其对执行当事人和案外人的权益保障功能是不可或缺和不可替代的。执行难问题的解决还将有赖于立法的完善、相关惩治措施的强化、法院执法力度的加强等，从实践中看检察监督在解决执行难问题上的作用发挥也有待进一步提升。

3. 民事公益诉讼中的权利守护。检察机关的公益诉权是完整的、有机的体系，民事公益诉讼是检察机关公益诉权的重要组成部分。民事公益诉讼在对权利的守护中发挥重要功能，尤其是在国有资产转让行为无效、宣告婚姻无效、撤销监护未成年人的监护人资格等特殊类型案件的办理中，民事公益诉讼更是具有独特优势。此外，如果拓展民事公益诉讼领域，积极稳妥推进消费民事公益诉讼，着力解决诸如商品、服务质量问题，加强食品、药品侵权行为及对霸王条款的规制；提起民事公益诉讼避开行政执法的潜在角色冲突，有机地解决民事公益诉讼和行政公益诉讼的程序衔接等问题，则检察机关更能显示出公益诉讼体系的优势和社会职能作用。

4. 刑事诉讼中的民事权利守护。《刑事诉讼法》明确了被害人具有"当事人"的诉讼地位，是诉讼参与人之一，同时，扩大了被害人自诉案件的范围，增设了公诉转自诉的特殊机制。但被害人的民事权利尚处于保护的边缘甚至是盲区，不能及时得到救助和恢复。尽管建立了一些被害人刑事补偿机制，但比起针对犯罪嫌疑人和被告人日益完善的程序而言，在刑事诉讼及附带民事诉讼中对被害人权利的保护进步却几乎缓慢不前。同时，侵害财产类犯罪中未规定能否和解，精神损害尚未明确纳入和解范围以及刑事附带民事诉讼和解中存在的操作乱象，这些都给被害人的民事权利救济带来困难。因此，需要检察机关履行法律监督的职能，做好刑事诉讼中的民事权利守护工作。

宪法的功能在于确立根本的制度安排，限制公权力，守护公民权利。宪法的权力限制和权利守护，需要具体的司法实现机制完成。作为宪法定位的法律监督机关，检察机关具有守护公民宪法权利的公权责任。国家公权力通过公权与私权的平衡，实现两权相宜。检察权作为补充性权力，既不能过于强硬，又不宜过分弱势，要实现检察权运行的收放自如、张弛有度。从宪治的视角实现检察权，要求检察权以最大限度守护权利为价值取向。

三、促进公共利益和弱者利益守护现代化

（一）促进国家利益和社会公共利益守护现代化

在我国各种规范性法律文件中，或者同时使用“国家利益”和“社会公共利益”，或者单独使用“国家利益”一词。在法理层面，国家利益与社会公共利益在不同意义上使用。例如，《民事诉讼法》第219条第1款规定，检察机关发现调解书损害国家利益、社会公共利益的，应当提出抗诉。《民事诉讼法》第58条增加了民事公益诉讼制度，其表述是损害“社会公共利益”的行为。而《行政诉讼法》第25条第4款新增的行政公益诉讼条款，则表述为致使“国家利益”或者“社会公共利益”受到侵害的。《海关法》第71条则单独表述为“国家利益”。尽管如此，无论是对国家利益还是社会公共利益的保护，法律规范都赋予检察机关相应在的保护职能。

随着社会的发展，国家利益和社会公共利益在各个领域都面临不同程度的侵害风险，因此检察机关的保护职责将得到进一步强化。在经济领域，市场经济取代计划经济在激发市场活力的同时，也在一定程度上带来了竞争的无序和市场的争夺等问题。并且，在经济加速发展的同时，资源过度消耗导致的生态环境恶化等问题接踵而来。资本在推动经济发展方面具有无可比拟的优越性，但对于资本的追逐也在不断破坏着国家利益、公共利益和个体利益之间的平衡。环境污染、食品安全问题等事件集中爆发，都暴露了该领域存在的大量发展性社会风险。在政治领域，权力的封闭性运行仍然存在。权力与权利沟通协调机制的不足，协商性民主通道尚未建立和打通；市民社会发展的不足，导致对于权利有效救济的不足；社会组织发展的不成熟，导致传染病、核危机、恐怖

活动危机不能迅速得到遏制；政府公信力、司法公信力不高，导致公民诉求通过信访渠道释放，以及由此带来的诸多不确定风险。

不仅如此，上述领域的各种风险还会与社会领域的各种风险错综交织在一起，增加风险的复杂性。各种风险既有传统特征，又具有时代特点，既包括历史遗留的困难症结，又包括改革过程中的“瓶颈”难题，容易诱发多米诺骨牌效应。如此时空交错下的风险结构的复杂性和不确定性，必定增加风险社会治理预见性和可控性的难度。上述领域的社会风险，体现出强烈的侵权行为的规模性、无责任主体性、与其他社会问题交叉性等非传统性特征。社会风险的新发展，反映在上层建筑上即利益平衡、国家救济和国家责任理论的提出。无论哪个领域的风险，都包含治理理论中的利益命题。利益问题与风险防控高度相关，个体利益、国家利益与公共利益的冲突是风险化解的突破口，需要有利益疏导的代表性权力，而这种权力，既不能是被动性的权力也不可能是纯粹的主动性权力。因此，检察权符合国家利益与社会公共利益守护的权力属性要求。随着检察机关提起公益诉讼制度的兴起，检察权在国家利益与社会公共利益守护方面的作用将更加凸显。

（二）促进弱者利益守护现代化

由于检察机关公益诉讼在一定程度上突破了传统民事诉讼、行政诉讼的外延，这要求改革在案件范围的择取上保持高度的审慎。当前，弱者利益保护暂时没有以明示的方式列出。随着公益诉讼制度的运行、发展，检察机关在关注国家利益和社会公共利益的同时，还应关注弱者利益的守护。一般而言，一个社会的文明进步和发达程度，往往体现在对弱者的利益守护之中，对特殊群体等弱者利益守护的程度，体现着一个国家的文明程度。而由维护国家利益和社会公共利益到对弱者利益的维护，则体现出检察权内涵中的终极人文关怀。同时，“作为一个以建立和谐社会为目标的社会制度而言，必须充分认识到强弱之别所可能带来的社会冲击，必须将强弱之间的差别控制在一定的范围之内”。[①] 检察机关提起公益诉讼在维护国家利益、社会公共利益与特殊群体等弱者利益方面要保持动态平衡，以真正实现公益诉讼制度的价值目标。

从司法实践来看，对弱者利益的守护集中体现于有关婚姻、收养、继承、监护等以“家事”为核心的权利、义务关系范畴之中。以国家亲权理论和国家监护理论为基础，国家有义务对“家事”中的弱者利益进行救济。根据检察权的权力性质，检察机关对弱者利益进行救济具有法定性。域外国家的立法和司法也表明，检察机关在对“家事”中弱者利益保护方面具有主体资格，承担法定责任。对于弱者利益的守护，不仅有利于丰富检察机关提起公益诉讼的时代内涵，同时更加符合我国当代检察权内含的民主、文明的本质要求。作为秉承司法为民服务宗旨的中国检察制度，在保护弱势群体利益方面具备理念支持和制度保障条件。

四、推动形成规则之治和秩序之治

（一）在规则和秩序的更高层面实现治理现代化

规则保障秩序，秩序来自规则。现代国家设立检察权的意义已不仅仅是实现国家权力制衡，保证国家治理意志的实现，同时也具有在国家治理与社会需求之间建立法律纽带，统合社会及其公众的利益需要，从而在更高价值层面实现法治国家的原则立场。[②] 在中国式现代化进程

---

① 胡玉鸿：《弱者权利保护基础理论研究》，商务印书馆2021年版，第135页。

② 参见周叶中、王洪涛：《检察权在现代国家治理体系中的三个维度》，载《湖南大学学报（社会科学版）》2019年第2期。

中，法治成为治理现代化的主要方式，检察机关在行使诉权和行使法律监督职能过程中具有了治理的面向，通过形成普遍的稳定的规则之治和和谐的安全的秩序之治以共同推动治理现代化。

（二）推动形成普遍的稳定的规则之治

规则之治是治理体系现代化的应有之义。“法治是一种规则的治理，能够为现代社会所需的有序发展提供一种一般性的法律规制和保障”。[①] 规则的主体源于制定法，而制定法本身构成了一个依据效力链条联结起来的等级体系，法律、行政法规、地方性法规等从高到低依次位于这个体系的不同层级。[②] “如此，规范性的效力链接是一个规则体系的最根本逻辑”。[③] 法律系统预制的“结构化语境”始终有效控制着“变量”的“阈值”，并借此有效维持着法律“再引入”的内在张力。[④] “规范是通过以前和以后的实践，通过规范本身（不管人们会给予怎样的灵活解释范围）在其中凝结的运作上的连续而得到坚持的”。[⑤]

治理方式的选择是决定社会治理成效大小的关键，站在一体构筑的角度，全面依法治国方略必定需要反馈于社会治理法治化的矛盾特殊性中。制约公权力、消除权力腐化构成全面依法治国的法治初衷或主要法治目标，而处于底部的社会则具有地域分散性、观念差异性、利益多样性等特征，这种社会本身所客观存在的各种张力是消解社会基础坚实程

---

① 李涛：《新时代的改革与法治：现代化内涵、互动逻辑及发展图景》，载《社会科学研究》2022 年第 5 期。

② 参见雷磊：《重构“法的渊源”范畴》，载《中国社会科学》2021 年第 6 期。

③ 张立伟：《中国式法治现代化：双重誓言结构下的规则秩序》，载《政治与法律》2022 年第 12 期。

④ 参见陈洪杰：《法律何以自治：“规则之治”的系统论阐释》，载《人大法律评论》2019 年第 2 期。

⑤ ［德］卢曼：《社会的法律》，郑伊倩译，人民出版社 2009 年版，第 40 页。

度的牵制因素，而法律在其中关键作用的发挥就是以确定的法治的规则之治统摄上述各种问题带来的社会治理的不确定性。当然，规则的司法治理并不仅仅局限于明确的法律条文和刚性的司法裁决，司法政策和核心价值观的融入，以及多元矛盾纠纷处理机制的融合，造就了司法现代化语境下的规则之治。正如有学者早在 10 年前即提出“社会的司法化”概念，其实现路径就是“在继续维持现代司法模式核心地位的同时将各种非正式的纠纷解决机制加以不同程度的‘司法化’，整合出一个多层次的‘大司法’格局”①。

规则之治，既是全面依法治国的整体目标，更是承载法律监督功能的现代化检察工作的整体目标。“四大检察”职能通过参与诉讼和诉讼监督、法律监督保障法律正确实施，进而推动以规则为治理方式的治理体系的现代化目标，规则为人的行为提供稳定的预期，遵守规则成为人们普遍的行为。刑事检察依法惩治犯罪，坚持宽严相济刑事司法政策，依据规则并结合实际处理好刑行民交叉案件，通过治罪与治理的统筹推进规则之治的预期实现。民事检察通过对生效裁判和民事审判活动、民事执行活动、虚假诉讼的有效监督，以及通过支持起诉、化解民事申诉矛盾，在类案监督中促进公众对规则之治的普遍认同和遵守。行政检察既开展传统的“诉讼内”监督又积极向“诉讼外”监督拓展，在强化精准监督和加强精细化审查中推动规则之治在公权力运行领域的有力实现。公益诉讼检察通过逐步扩展办案领域，推动从“办理”到“治理”的系统化工作目标，促进“公地”领域规则之治的有效实现。

① 陈宇峰：《走向“社会司法化”——一个“自创生”系统论的视角》，载《华东政法大学学报》2012 年第 3 期。

（三）推动形成和谐的安全的秩序之治

制定规则并将其有效实施是法律文明秩序的前提，而规则之治要达到的目标则是要形成和谐的安全的社会环境，也就是要形成秩序之治。规则是社会秩序形成的必要因素，而社会秩序则是规范产生的结果，它们互为一体，互相照应，由此而形成秩序的世界。① “在现代社会中，法律通常表现为一系列行为规则，具有确定后果、矫正失序、稳定预期等基本功能，通过塑造人们的共同一致行为，形成社会秩序”。②“法治秩序”应当是法律主治，其他规范秩序和现实因素围绕法律耦合而成的一种秩序状态。③ 随着社会的发展和风险社会的到来，有序、安全成为社会生活、生产、生存环境现代化的新要求，秩序之治成为中国式法治现代化的深层需求和重要追求。“不能把法本身孤立起来进行分析，而是要着重研究法与社会秩序的相互关系。这样做并非使法溶解到社会之中，恰恰相反，是要让法通过吸收现实的因素、填补理想与现实之间的距离、根据新的实践目的修正理想等方式而获得内在的发展”。④ 秩序的存在是人们生存、生活、生产的基本前提和必要基础，是人民安居乐业和国家长治久安的根基和条件。

民事检察在维护平等主体之间权利义务关系、行政检察在促进依法行政、刑事检察在打击犯罪维护社会稳定以及公益诉讼检察在特殊领域

---

① 参见刘作翔：《构建法治主导下的中国社会秩序结构：多元规范和多元秩序的共存共治》，载《学术月刊》2020 年第 5 期。

② 李少文：《中国式现代化的法治任务及其战略部署》，载《河北法学》2023 年第 8 期。

③ 参见贾焕银：《经由“制度”通达法治秩序》，载《学习与探索》2020 年第 9 期。

④ ［美］R. M. 昂格尔：《现代社会中的法律》，吴玉章等译，中国政法大学出版社 1994 年版，第 9 页。

化解社会风险等方面，都为守卫有序的安全的现代化社会环境发挥其职能作用。建立符合公平正义的社会秩序，保障每一位公民基本权利的实现，是法律实施的终极目标。民事法律关系与作为“共同体基本法秩序”的宪法法律关系在秩序维护方面存在竞合，这也使民事检察涵摄经济活动和社会生活的各个方面，民事检察的秩序维护的使命重大。行政检察通过监督行政违法行为规范秩序行政，促进公权力运行中形成的秩序保护。刑事检察以实现最低限度的法定秩序为目标，通过打击和预防犯罪行为对于社会公共利益的侵害，满足公民对于有序的安全的社会环境的需求。公益诉讼检察尤其是在客观行政公益诉讼中，检察机关旨在监督行政违法行为，维护稳定的客观法秩序，保护秩序法益。“行政公益诉讼实施权利保护的理论逻辑在于，通过督促服务行政和监督秩序行政促使权利保护被吸收到法律实施制度逻辑中，从而上升为秩序目标”。[①] 在特殊群体和弱者群体保护中更是如此，“在一般意义上，维护弱势群体主观权利的行政公益诉讼经由法律监督权能的处理，将群体性的‘权利保护’升格为具有政策实施目的的‘秩序目标’”。[②] 检察公益诉讼权力行使初期，检察机关着眼于微观事项中的诉求以及有限范围内的权利固定或推广，然而，表面或局部的权利实现并不能成为中国式法治现代化的基本目标。当公民权利期许转化为法律义务，检察机关就应当以权利的普遍实现为追求构建根本的秩序目标。

（四）重视文化在社会治理中的积极作用

国家治理体系和治理能力现代化的实现不仅涉及法律和制度建设，

---

① 梁鸿飞：《行政公益诉讼的功能补缺：作为秩序目标的权利保护》，载《新疆社会科学》2022 年第 6 期。

② 梁鸿飞：《行政公益诉讼的功能补缺：作为秩序目标的权利保护》，载《新疆社会科学》2022 年第 6 期。

还包括思想观念的升级、文化体制的改革以及文化自身的发展等重大问题。[①] 文化在凝聚社会共识、传导社会机制方面具有独特优势。从法律人文属性的角度看，法律权威形成规律需要贯穿于社会治理结构的矛盾特殊性中。人民既是社会治理中的主体，又是法律作用的对象，这种矛盾特殊性需要法律权威形成规律贯穿其中。检察工作现代化进程中要重视对中华优秀传统法律文化的传承。同时，要求法律在规范个体行为的同时突出法治的权利特质，更加侧重对人民权利的保障，并以充分的权利救济和权利保障来减少人民内部矛盾，夯实社会基础。

坚持以人民为中心的立场便是社会治理结构的矛盾特殊性的反映。习近平总书记强调："我们要依法保障全体公民享有广泛的权利，保障公民的人身权、财产权、基本政治权利等各项权利不受侵犯，保证公民的经济、文化、社会等各方面权利得到落实，努力维护最广大人民根本利益，保障人民群众对美好生活的向往和追求。"[②] 习近平法治思想的鲜明特点正是人民性，即始终坚持以人民为中心的根本立场。人民是社会的主体，国家的主人，是受法律保障者。以人民为中心就是治理要依靠人民、为了人民，社会治理成果由人民检验和共享，尤其是要着力解决人民群众最关切的法治公平正义问题，依法保障社会群体所享有的各种广泛权利，确立人的基本价值。如此，发挥法治文化对社会基础的软性治理之效也就是自然而然的事情。相较于依赖法律的强制力和惩戒性带来的压制性权威，倾向于资源性权威则更有助于夯实社会基础。要切实解决法治社会建设进入关键历史节点所面临的法治供给失

① 参见徐稳：《新时代中国共产党文化治理能力提升的三维路径探赜》，载《山东师范大学学报（社会科学版）》2023 年第 4 期。

② 习近平：《在首都各界纪念现行宪法公布施行三十周年大会上的讲话》，载《人民日报》2012 年 12 月 5 日，第 1 版。

衡、法治公信失序、法治结构失重等普遍矛盾和特殊矛盾，实现法治理想在社会层面的权威认同。习近平总书记指出，“只有内心尊崇法治，才能行为遵守法律。只有铭刻在人们心中的法治，才是真正牢不可破的法治。”① “只有全体人民信仰法治、厉行法治，国家和社会生活才能真正实现在法治轨道上运行。”② 法治意识作为社会治理主体的内在精神动力，在法治社会的演进和跃迁中起着关键的作用。私权得到保障的公民普遍崇法守法护法，超越于法律威慑在提升社会文化方面的作用。党的二十大报告指出：“覆盖城乡的现代公共法律服务体系，深入开展法治宣传教育，增强全民法治观念。”“弘扬社会主义法治精神，传承中华优秀传统法律文化，引导全体人民做社会主义法治的忠实崇尚者、自觉遵守者、坚定捍卫者。”就是要以资源性权威内生出社会文化。

法治文化引领法律成为人们的行为模式，相对于法治国家对公权力的制约，法治社会是上层建筑的基础部分，普遍守法对于法治社会更具有意义。习近平总书记指出：“全民守法，就是任何组织或者个人都必须在宪法和法律范围内活动，任何公民、社会组织和国家机关都要以宪法和法律为行为准则，依照宪法和法律行使权利或权力、履行义务或职责。”③ 人民权益要靠法律保障，法律权威要靠人民维护；要充分调动人民群众投身依法治国实践的积极性和主动性，使全体人民都成为社会主义法治的忠实崇尚者、自觉遵守者、坚定捍卫者，使尊法、信法、守法、用法、护法成为全体人民的共同追求。只有形成以主体为目的的社

① 中共中央文献研究室编：《习近平关于全面依法治国论述摘编》，中央文献出版社2015年版，第121页。

② 习近平：《论坚持全面依法治国》，中央文献出版社2020年版，第275页。

③ 《增强全民法治观念使尊法守法成为全体人民共同追求和自觉行动》，载中国共产党新闻网2015年5月13日，http：//theory. people. com. cn/n/2015/0513/c40531 –26993473. html。

会文化基础，克服法律的工具主义，确立至上的法律权威，以权利意识为支撑形成法治文化，才能实现国家与社会的平衡与融合。

第三节　实现检察人员的适配性

一、专业化、职业化和精英化要求

（一）专业化是特殊职业主体的基本要求

检察职业主体专业化要求检察职业从其他系统分化出来形成独立的业务素质标准并获得专业地位，检察职业主体具备胜任岗位职责所需的知识和能力，符合检察工作现代化的知识标准体系和能力标准体系的要求。加强以思维能力为核心的检察官职业素能建设，内在要求所有检察官都必须具备胜任岗位职责所需的知识和技能，在本职岗位上力求本领过硬，精益求精。检察官基本职业素能，归根结底是检察官要具备基本的法律知识体系和法律思维能力。而法律思维能力是最能体现检察官基本职业素能的核心要素，提升检察官职业素能要以提升法律思维能力为根本。同时，法学属于应用学科，从“书面的法”到“实践中的法”需要经过法律适用主体的内化和转换，法律适用主体接受的教育必须包括深厚的法学理论和丰富的法律实践，二者缺一不可。美国等英美法系国家的法学教育均具有浓厚的职业训练导向，注重法学教育中的技能培训。“18 世纪，哈佛法学院院长朗代尔将案例教学法施用于法学课堂，并逐渐成为全世界最具代表性的法学教学方法之一。之后，法律诊所、模拟法庭、法学评论、校外实习等极具创新和特色的教学模式和方法被不断创设和传承”。[①] 较之美国，德国更偏重法学的基础理论教育，但随着政治经济形势的变化及欧洲一体化和全球化的深入，对应用型法学人才的需求越来越高，德国法学教育也开始进行基础理论教育与法律实务训练的“双轨制”改革。检察职业主体专业化是检察权运行的内在要求，是检察改革的客观需要，是顺应国际化和现代化发展趋势的必然选择。

（二）专业化与职业化存在互相依存关系

专业化是职业化的前提和基础，职业化是专业化的发展目标和结果。检察官职业统一于共同的理念信仰和规则制度，通过独立的保障体制、专业的运行程序、独特的法律技术形成区别于其他职业的特征。从我国检察队伍及检察工作实际出发，检察官职业化包括四个方面内容：其一，以行使检察权为主要职能的职业；其二，具备履职的职业素能和职业操守；其三，具备与检察官履职相匹配的物质保障；其四，具有特色鲜明的检察文化。进入新时代，法治建设和司法体制改革日益受到关注，作为司法体系中的关键一环，检察官的职业化发展和法律职业共同体的建设对于提升司法公信力、保障司法公正至关重要。只有通过不懈努力，加强对检察官的职业素养和法律技能培训、建立健全检察官的保障机制、加强检察官队伍的文化建设、构建具有共同法律思维和技能的法律职业共同体，并确保该共同体在规则和程序适用的过程中免受外界的干扰，以提高司法效率和质量。如此，检察官能够更好地发挥其法律职业在社会建构和改造中的作用，促进社会公正与法治进步。

---

① 张莉：《基于学生感受的美国法学教育改革及启示》，载《黑龙江教育（商教研究与评论）》2014 年第 4 期。

（三）精英化是检察制度改革和发展的必然方向

检察官承担着维护国家法制统一的特定职责，这种责任的特殊性和复杂性决定了检察官职业不应定位为大众职业，检察官职业化在一定程度上意味着检察官精英化。检察官精英化是指检察官主体适应现代法治的要求，以专业化和职业化为背景，在法律素能和职业操守等方面具有高度的卓越性，通过检察权的行使获得较高的职业声望，具有法律保障下的优厚地位。西方国家的司法制度设计，普遍体现出司法主体强烈的精英化色彩，司法主体的选任具有十分严格的程序规定。我国的检察官分类管理、员额制以及检察官办案责任制等改革，必将促进检察官由专业化、职业化向检察官精英化的转化。检察官精英化是检察权运行的内在要求，既是检察改革的客观需要，更是顺应国际社会发展趋势的必然要求。

二、优良的职业道德和职业伦理

（一）职业道德和职业伦理维护职业自治和社会秩序

职业伦理，是指针对某种具有专业教育背景、专业技能、承担特殊责任、拥有从业特权的职业从业人员的角色规范和责任伦理。这种基于特定职业的规范与伦理比之道德，具有更强的约束力，在指引从业人员方面，对违反者具有惩戒作用，具备一定的强制性。职业道德和职业伦理正是通过规制职业成员自身的行为及其与同行、当事人和社会大众等的关系，维护职业的自治和社会的秩序。检察官无疑是一种专门的法律职业，应该与自己的制度角色相匹配，在职业道德和职业伦理方面自律自觉。检察官只有自觉依照其职业道德和职业伦理规范去行使检察权，才能做到行止得当，才能处理好与当事人、检察同仁、法官、警察、律师等主体的关系。

（二）检察职业道德和职业伦理具有鲜明的政治特色

我国的检察机关具有政治属性，这决定了检察职业的政治性。同时，我国检察制度的发展历史和文化传统也决定了检察制度的鲜明的政治特色。对于中国特色社会主义检察制度而言，坚定的政治信仰是职业信仰的应有之义。检察制度是政治制度的重要组成部分，其在本国《宪法》或者宪法惯例支配的政治制度框架中向前发展，具有历史的必然。如《检察官职业行为基本规范》将检察官职业基本道德规范表述为五个方面："坚持忠诚品格，永葆政治本色；坚持为民宗旨，保障人民权益；坚持担当精神，强化法律监督；坚持公正理念，维护法制统一；坚持廉洁操守，自觉接受监督。"上述准则体现出鲜明的政治特色，对党忠诚是检察官永葆政治本色的前提，检察为民源自中国共产党的初心和使命，廉洁从检则是检察官政治纪律的底线。

（三）检察职业道德和职业伦理具有鲜明的专业特色

道德和伦理是普世性的社会意识形态，职业道德和职业伦理则是指在职业范围内形成的比较稳定的道德观念、行为规范和习俗的总和，它是调节职业集团内部人们之间的关系以及职业集团与社会各方面的行为准则。检察职业道德和职业伦理的专业特色源于检察职业的制度基础。检察职业道德是检察制度的他律与道德的自律相结合的产物。检察职业道德和职业伦理是基于检察制度基础上的检察官职业而形成的。检察职业相比其他职业有其自身特点，主要表现在：一是主体的特定性。检察职业的主体是依法行使国家检察权并具有法律专业素养的检察官。二是职责的法定性和规范性。国家法律赋予了检察官行使检察权和履行法律监督的特殊职责，检察官在权力行使和履职过程中要严格遵循实体法和程序法等法律规定。三是责任的重大性。检察工作直接关系着国家法律的统一正确实施，关系着维护社会公平正义和人民群众切身利益，关系着国家治理整体成效。四是保障的有效性。为保障检察机关独立行使检察权，提高检察权行使的充分性，检察职业建立健全和实施落实相关的保障制度，以确保检察官能够严格、公正执法。这种职业的特点也决定了检察职业道德和职业伦理应当具有专业特色。

三、崇高的职业精神

（一）职业精神是职业主体的精神状态和价值取向

检察官职业精神是检察职业主体专业化的内在要求和神圣召唤，检察官职业精神建设是检察职业主体意识形态领域建设的重要组成部分。崇高的检察职业精神因成为检察意识体系中具有本质性特征的一部分而稳定存在，成为检察职业区别于其他职业的重要标志之一，属于检察意识体系中的高级形式。检察职业精神主要包含理性精神和人文精神两个维度。理性精神和人文精神是辩证的统一体，二者反馈于规则正义和裁量正义的实践关系中，并最终推动现代法治从形式正义走向实质正义。理性精神要求检察官恪守客观中立义务，坚持程序正当。同时，法律又是促进人们自由且全面发展的保障，法治具有人文主义的侧面。检察职业主体要从以人为本、以人民为中心的高度出发，在检察权运行中明确人的主体性地位，回归法律为人服务的本质。检察官通过检察行为表达对当事人的关注，把当事人真正地作为有价值、有人格、有尊严的人，当事人可以成为司法权运行进程的中心而非消极的、被动的客体，既尊重当事人及其利害关系人，又为当事人及利害关系人提供充分的权利保障；既尊重人的生命权和健康权，又尊重人的财产权利，更尊重人的精神权利和民主权利。“矛盾的斗争就是前进”，在国家治理体系和治理能力现代化背景下，新时代的检察理念需要对传统的检察理念进行扬弃，需要更加注重时代性和系统性并突出检察权的内在属性。为此，要发展出包括检察理念的本质属性、逻辑层次和法理基础、实践指向的检察精神体系，从而为检察官提供明确的系统性的职业指引，引领他们在法治建设中履行职能与使命，服务于党和人民，为国家治理现代化贡献力量。

（二）检察职业主体应具备理性精神

理性是检察制度在精神层面的具体体现。一定意义上说，理性精神是检察权的一种道义力量，[①] 一种有生命的力量。精神层面的检察制度以检察体制、规则等为基础并超越上述元素成为检察权运行的思想指引，其为检察权合规律、合目的、合价值的运行提供了“软实力”，既是形塑检察制度转化为检察实践的变量，也是平衡检察权刚性运行与柔性运行的调节系统。理性精神是司法主体、检察主体应当具有的显性职业特征。同时，理性精神作为人类思维的高级形态，其机制响应的方式为“通过论点与具有说服力的论据发现真理，通过符合逻辑的推理而非依靠表象而获得结论、意见和行动的理由”[②]。这也就意味着“理性是人类精神中成为最大公正性和客观性的那种趋势”，[③] 从而有助于检察职业主体在复杂的司法环境中准确行使职责。

---

① 参见孙笑侠：《再论司法权是判断权》，载信春鹰、李林主编：《依法治国与司法改革》，中国法制出版社 1999 年版，第 421 页。

② 覃正爱：《理性精神：法治与哲学的共同呼唤》，载《理论视野》2015 年第 2 期。

③ 覃正爱：《理性精神：法治与哲学的共同呼唤》，载《理论视野》2015 年第 2 期。

（三）检察职业主体要具有人文精神

人文精神是法律工具性和目的性的辩证统一，“法律的价值在于维护人的尊严和保障人的现实利益”[①]，其蕴含着法律的实现应当体现人文精神的应有之义，也传递着法律的实现与人文精神根本的、内在的一致。在法治构建中，人并非作为法的对立面而存在，人永远是法治的目的，法治表现着独特的人性立场，表达着对人的基本价值、人的生存意义、人格尊严的人文关怀。[②] 然而，一方面，公权力行使中对于以人为本的倡导和强调是普遍而深刻的；另一方面，公权力运行中对人的尊重和权利保护的程度却与时代发展和人们的内心期待存有差距。公权力运作领域人文精神的缺失也相应反馈于司法权、检察权的运行过程中。因此，应加强检察职业主体的人文精神建设。

四、科学的检察管理体制

作为行使检察权的主体，检察人员的职业保障水平决定了其社会地位与职业尊严，职业保障程度将直接影响检察权行使的规范性、充分性与有效性。加大检察人员的职业保障力度要健全符合检察工作现代化要求的科学的检察管理体制，发挥业务管理对法律监督现代化的保障功能。要实现由传统的司法管理模式向现代司法管理模式的转型跨越，推动司法体系和司法能力现代化的历史性跨越。[③]

---

① 侯健、林燕梅：《人文主义法学思潮》，法律出版社 2007 年版，第 29 页。

② 参见杨金颖：《法治的人文精神论析》，载《江西社会科学》2013 年第 1 期。

③ 参见徐汉明：《深化司法管理体制改革：成效评估、短板检视、路径选择》，载《法治研究》2021 年第 3 期。

（一）形成现代化的人员分类和绩效评价体系

检察绩效评价体系，是优化检察权运行和提升检察官管理效率的重要举措。绩效评价有助于提升检察人员履职质效，强化法律监督和检察机关内部监督，维护法律正确统一实施，推动检察工作现代化进程。在检察工作现代化进程中，检察人员分类管理和员额制运行机制应更加科学，绩效评价机制应更加顺应司法规律。有研究者将绩效评价的“非司法化”总结为功能定位的工具主义倾向，指标设置的扩张化与非科学性，以及实施机制的规范性缺失等问题。[①] 异化的绩效评价体系容易导致检察人员权力行使的偏颇，带来检察官客观义务的消解，形成对程序法治的冲击与反制[②]。2015 年，中央政法工作会议上强调要对各类执法司法考核指标进行全面清理，坚决取消刑事拘留数、批捕率、起诉率、有罪判决率、结案率等不合理的考核指标。2019 年，时任中央政法委书记郭声琨在政法干部专题研讨会上又重申该项要求，提出“严禁下达刑事拘留数、批捕率、起诉率、有罪判决率、结案率等不合理、不必要考核指标”。[③] 2024 年 10 月，最高人民检察院作出调整优化检察业务考核评价的重大决策，明确提出：取消一切对各级检察机关特别是基层检察机关的不必要、不恰当、不合理考核，不再执行检察业务评价指标体系，不再设置各类通报值等评价指标，不再对各地业务数据进行排名通报。最高人民检察院下决心纠正检查管理中的不当考核等突出问

---

① 杨铜铜：《法官绩效考核制度的非司法化困境及其调试》，载《法制与社会发展》2022 年第 3 期。

② 参见印波：《绩效考核指标对刑事程序法治的冲击与反制》，载《法学论坛》2021 年第 2 期。

③ 《郭声琨：严禁下达刑事起诉率、有罪判决率等不合理考核指标》，载澎湃新闻 2024 年 10 月 24 日，https：//www. thepaper. cn/newsDetail_ forward_ 3299061。

题，体现了实事求是的工作态度和对司法规律的遵循，必将引领全国检察机关树立和践行正确绩效观，朝着习近平总书记提出的“努力让人民群众在每一个司法案件中感受到公平正义”的方向不懈努力。[1]

（二）形成现代化的司法责任追究制

完善现代化的司法责任追究制，是建立权责统一的新型检察权运行机制的关键，是深化检察体制改革的必然要求和制度基础。党的二十大报告再次重申要“全面准确落实司法责任制”，党的二十届三中全会提出要“深化和规范司法公开，落实和完善司法责任制”。司法责任追究制着眼于检察权运行在政治上和法治上的实现，即政治上保证党对检察工作的绝对领导，法治上保证检察官依法独立行使检察权，其终极目标在于“让人民群众在每一个司法案件中感受到公平正义”。具体功能方面，司法责任追究制可以对错案或者其他损害司法公正的行为作出及时的补救和匡正，可以制约和监督检察人员依法公正独立行使检察权，可以通过内化于心的行为习惯促进检察人员对法律的尊崇。法律监督职能的强化、“四大检察”职能的拓展，尤其是刑事检察中认罪认罚从宽制度的实施、检察主导责任的形成等，都意味着检察官要承担更重的责任。尽管我国已经建立检察官责任追究相关机制及配套措施，但这些规定都零散分布于不同层级的法律规范中，尚未形成内容统一、层次分明的检察官责任追究制度体系和理论框架。并且，关于责任体系及范围、责任承担的主体、责任承担方式、责任追究机构及事由等规定尚不够完善。从错案责任追究制度的实施效果上看，实践运行与设立目标发生了

---

① 《全面准确把握“一取消三不再”的主旨要义》，载《检察日报》2024 年 10 月 21 日，第 1 版。

偏移，制度功能难以有效发挥，制度图景与现实作用产生了偏离。[①] 在现代化的检察管理体制下，应坚持权力、权利、责任的高度一致原则。这意味着责任的承担应当与权力的行使和权利的享有相一致，从而形成完善的制度体系，并确保有畅通的救济渠道。同时，检察官惩戒委员会应当对检察官的违纪行为享有最终处理决定权，以维护检察权运行的规范性、充分性和有效性。

（三）形成现代化的检察职业保障体系

检察职业保障与责任追究是“一枚硬币的两面”，二者共同构成了我国检察官职业制度。“在世界范围内，司法人员的职业保障体系是评估一国法治发展水平的重要指标之一”。[②] 检察官职业保障制度是检察官依法履职的前提条件，是检察官专业化的必然要求，是检察官职业素能提高的必要条件，对建设公正、高效、权威的检察职业制度，推进检察工作现代化具有基础性、战略性的深远意义。新修正的《检察官法》第七章专门就“检察官的职业保障”进行了规定，内容包括检察官权益保障委员会的设立，禁止干涉检察官履职，检察官的职业尊严和人身安全保护，检察官的名誉保障，检察官及其近亲属人身安全保障，检察官的工资制度和定期增资制度，津贴、补贴、奖金、保险和福利待遇，伤残待遇、抚恤和优待，退休制度和待遇等各方面。检察官职业保障入法体现了检察职业保障体系建设的必要性和重要性。“司法保障体制的具体改革方向，不仅与不同案件类型相关，也是对国家治理和司法改革整体设

---

① 参见江钦辉：《错案责任追究制度的目标偏移与矫正——以西北地区某基层法院错案责任追究的实践为考察对象》，载《河北法学》2019 年第 7 期。

② 李璐君：《司法职业保障改革在路上——司法职业保障研讨会述评》，载《法制与社会发展》2017 年第 1 期。

计的回应”。[1] 与惩戒相对应，现代化的检察职业保障体系应当完善检察荣誉制度，做到奖惩分明。“通过授予司法荣誉的方式，给予司法从业群体或者司法机构以精神嘉奖，并辅以物质奖励，既能够强化司法职业内部的归属感和尊荣感，也能够实现社会大众对司法从业群体的认可、尊重和服从：这是司法荣誉的正当性所在，亦即其核心的制度逻辑”。[2] 检察职业保障体系要保证检察官的物质保障和身份保障到位，检察履职中突出检察官的主体地位，检察人员具有较高的职业尊荣，构建符合现代化要求的检察人员职业培训制度。

---

① 刘涛、蔡道通：《作为组织的法院及其决策运作：司法职业保障的系统论考察》，载《政治与法律》2017 年第 6 期。

② 李广德：《司法荣誉制度的法理逻辑与作用机制》，载《政法论坛》2018 年第 1 期。

第四章

检察工作现代化的实践进路

第一节　检察理念现代化

检察理念是检察权运行最重要的软环境要素之一，是检察权运行的基础和发展的动因。检察理念的发展和进步与检察制度实现、检察权运行及检察正义是紧密相关的。一般意义上，先进的现代化检察理念能够依托检察人员促进检察权运行的优化，检察权运行的优化程度往往取决于对先进检察理念的推广和普及程度。特别意义上，如果先进的检察理念与先进的检察制度高度融合，那么这些理念将不仅通过司法主体的努力促进检察权运行的优化，而且能够自觉地考虑到检察权运行的目标性价值，将现代化检察理念的核心价值观融入其中。

一、政治上践行“以人民为中心”理念

（一）坚持党对检察工作的绝对领导

政党“质的规定性”和“体的形式性”决定了政党治理的主导性，展示了其统合国家立法、行政、司法等国家机器的主要功能及规范效力。党的领导是政权存在和发展的前提，党天然具有对政权的领导地位。党的领导地位的正当性和合法性归结于党性和人民性的统一，即党必须坚持人民主体地位，确保人民依法通过各种途径和形式管理国家事务。所谓依法治国就是在治理体系中，党依照人民的意志以法律的形式治理国家，而不是依照个人的意志来治理国家。党对审判权、检察权的领导，就是公民将其拥有的公共权力让渡于政党后依据党的使命重新生成的法理关系，包括以防止公共权力滥用为基本的权力制约与人权保护、公益维护与利益平衡等各种衍生关系。“代表最广大人民根本利

益”之党的“人民性”的本质规定，决定了党对审判权、检察权绝对领导的第一位原则。

“以人民为中心、坚持人民至上、坚持人民主体地位，是中国共产党的核心执政理念”。[①] 人民立场是我们党的根本政治立场，践行“以人民为中心”理念就要充分发挥我国政党制度的优越性，加强党对检察工作的绝对领导。就目前状况而言，党内监督、人大监督、民主监督、检察监督、监察监督的严密监督体系，形成了中国共产党“牵制型”的体制形式，这也决定了承载监督功能的权力始终需要作为国家公权力分配的必选项而存在。其中，检察监督作为专门性的法律监督形式，其依托于诉权而又超越于诉权的特有监督形式，使其成为各种监督体系中最为常态、刚性、专业的监督方式。可见，检察权对于行政权、审判权、监察权的监督是中国共产党领导的人民民主专政性质的国家和以人民代表大会为政权组织形式的国家中内生的监督型权力。正确处理坚持党的领导和检察权运行之间的关系，检察工作中既要依法独立行使检察权，又要发挥党委对检察工作的引领和指导作用，坚持讲政治与讲法治有机统一。“要通过巩固党的领导地位、改善党的领导方式、提高党的领导能力等一系列方式，充分发挥我国社会主义的政治优势、制度优势、行动优势，确保新发展阶段人民司法始终在正确的政治方向上高质量发展”。[②] 检察工作中要落实向党委请示报告制度，除了向党委和党委政法委每年度全面报告工作情况外，还应当就特定重大事项进行报告。检察机关内部要通过党组成员与检察委员会委员身份的重合建立党组与检察委员会这一业务领导机构之间的稳定的制度化的关联。

---

① 李晓辉：《论以人民为中心的法治》，载《法制与社会发展》2023 年第 3 期。

② 方乐：《以人民为中心司法理念的实践历程及其逻辑意涵》，载《法律科学（西北政法大学学报）》2021 年第 4 期。

（二）全方位实现检察为民

"以人民为中心"的司法理念，就是坚持人民在中国特色社会主义法治与司法中的主体价值和中心地位，法治和司法"为了人民、依靠人民、造福人民、保护人民，把实现好、维护好、发展好最广大人民的根本利益"作为中国特色社会主义法治和司法的根本目的，把"体现人民利益、反映人民意愿、维护人民权益、增加人民福祉、促进人的全面发展"作为法治建设与司法发展的出发点和落脚点。[①] 检察工作要紧紧围绕新时代司法领域主要矛盾，切实实现人民对美好生活向往的新时代司法需求，尤其是实现人民群众对民主、法治、公平、正义、安全、环境等方面的司法需求。同时，检察权运行还要积极参与国家治理和社会治理。检察职能的现代化意味着检察职能超越现有权力能力，在法律规范的权限内向治理体系延伸，发挥检察机关在参与治理体系现代化中的作用。《中共中央关于加强新时代检察机关法律监督工作的意见》强调，充分发挥法律监督职能作用，为大局服务、为人民司法，促进提高社会治理法治化水平。"新的历史时期，检察机关面临的形势、任务与工作重点发生了重大变化。检察机关应当立足检察基本职能，深刻把握法律监督的发展趋势，找准参与社会治理的结合点，稳步拓展参与社会治理的工作途径，构建检察机关推进社会治理的方法体系"。[②]

检察为民，首先意味着检察工作现代化进程中要坚持群众路线，改进方式方法，积极回应人民群众对检察权运行的新要求新期待。新时代

① 参见张文显：《习近平法治思想的理论体系》，载《法制与社会发展》2021 年第 1 期。

② 徐键：《守正出新：在改革中推动社会治理型法律监督》，载《检察风云》2022 年第 5 期。

检察工作要了解群众诉求，回应群众期待，积极推行检察听证制度，引导人民群众有序、理性参与司法，保障人民群众的知情权、表达权、监督权；要做好重点领域民生保障工作，切实解决人民群众的基本司法诉求。检察为民，还意味着检察工作现代化进程中要不断强化法律监督，减少公权力运行对人民群众利益的损害。全面深化对侦查权、行政权和审判权的监督，避免检察机关法律监督的“灰色地带”；加强对刑事诉讼中的人身强制措施和对财产权、隐私权的干预措施的法律监督，完善对涉及公民人身、财产权益的行政强制措施的法律监督，构建以抗诉为中心的审判监督刚性体系。检察为民，更意味着检察工作现代化进程中要切实维护法律公平正义。将以人为本的基本价值理念贯穿工作始终，进一步深化法治思维是权利义务思维的认识，坚持以提高司法公信力为目标，从维护群众合法权益、维护司法权威、维护社会公平正义的高度，深刻认识律师参与化解和代理涉法涉诉信访案件、依法处理涉法涉诉信访工作的重要意义，充分发挥律师在保障群众合法权益、化解社会矛盾纠纷、促进社会和谐稳定中的独特优势和积极作用，努力提升人民群众对司法改革的获得感和对公平正义的满意度。

（三）强化刑事法律领域人权保障

尽管2018年《刑事诉讼法》大修体现出对私权的充分重视，但也在某些方面增加了公权比重，尤其是侦查权的扩张在一定程度上弱化了对当事人的保护。如修正后的《刑事诉讼法》规定了技术侦查措施，但未明确技术侦查措施的具体种类、适用技术侦查措施的案件类型规定得过于宽泛、启动技术侦查措施的审批权限仍然掌握在侦查机关手中，未对侦查行为进行相关的法定限制，可能会对被追诉人的人权造成侵害。因此，作为国家法律监督机关，检察机关在落实《宪法》规定、维护宪法权威特别是在人权保障问题上任务艰巨、责任重大。2018 年《刑事诉讼法》虽然坚持惩治犯罪与保障人权并重的立场，但在公权力与私权力力量对比悬殊的现状下，检察机关应当更加注重实现人权保护的价值追求。检察机关要在刑事案件检察环节不折不扣地执行《刑事诉讼法》的规定，既要保护犯罪嫌疑人、被告人的合法权益，又要注重在刑事诉讼中发挥对侦查权和审判权的监督制衡作用。

2004 年，我国《宪法》以“国家尊重和保护人权”宣示了人权保障的基本法律原则，时隔八年，《刑事诉讼法》又将“尊重和保障人权”作为重要任务加以明确，党的十八届三中全会更是提出了完善人权司法保障制度，为人权保障的进一步制度化提供了有力的政治保证。党的二十届三中全会强调，“坚持正确人权观，加强人权执法司法保障，完善事前审查、事中监督、事后纠正等工作机制，完善涉及公民人身权利强制措施以及查封、扣押、冻结等强制措施的制度，依法查处利用职权徇私枉法、非法拘禁、刑讯逼供等犯罪行为。推进刑事案件律师辩护全覆盖。建立轻微犯罪记录封存制度”。进入新时代，要强化刑事诉讼、刑事执行和刑事监督环节的人权保障，尤其是要强化犯罪嫌疑人、被告人、被害人的人权保障。未来，检察机关可以从完善法律监督理念，坚持入罪合法，出罪合理，以检察制度精密化推进刑事诉讼精密化，优化检察管理制度，深化数字检察战略等方面，不断加强检察机关法律监督工作，为中国人权发展道路提供更有力的刑事检察保障。①

---

① 参见郭立新：《人权保障视野下的刑事检察实践》，载《政法论坛》2023 年第 4 期。

二、法律上追求公平正义理念

（一）准确把握实体和程序的关系

要特别注重程序正义，深化“法即程序”正义观。程序，从法学的角度看，主要体现为司法机关按照一定的顺序、方式和步骤来作出法律决定的过程。① 程序正义则是指法律程序在具体运作过程中所要实现的价值目标。② 实体是程序的产物，程序具有第一顺位性。在检察工作中，要彻底转变重实体、轻程序的固有观念，平衡程序正义与实体正义之间的关系，坚持高质效办好每一个案件。在认罪认罚从宽制度适用中，应确保被告人在诉讼程序中的“有效参与”，“无论是从保障被告人权利的角度，还是从与刑事司法内在的真实主义相协调的角度，被告人的程序处分权都必须正确而公正地行使”③。尤其是在刑事一体化理论范式下，应当重视实体出罪与程序出罪的彼此呼应。实体上对于罪刑法定原则不能机械地理解适用，法定犯的定罪量刑需要从实质出罪的角度，明确行为是否侵犯法益、侵害的是什么法益，以及是否属于值得处罚的法益侵害；同时，检察机关在刑事诉讼主导地位中又应当强化程序出罪的一面，可通过构建不同罪名的证据适用规则，确立程序上的出罪机制。

---

① 参见季卫东：《法律程序的意义——对中国法制建设的另一种思考》，载《中国社会科学》1993 年第 1 期。

② 参见叶青：《程序正义视角下认罪认罚从宽制度中的检察机关沟通之维》，载《政治与法律》2021 年第 12 期。

③ ［日］田口守一：《刑事诉讼的目的》，张凌、于秀峰译，中国政法大学出版社 2011 年版，第 127 页。

（二）秉持客观中立理念

检察官多重身份带来的角色冲突，要求检察官必须秉持客观中立理念。检察官办理案件应当坚持以事实和法律为依据作为行使检察权的准则，依法履行检察官客观义务。要坚持敢于监督、善于监督、勇于自我监督。法治对于立法而言，就是法律规则中权利、义务、责任的划分更具妥当性和普遍适用性；对于司法执法等法律实现机制而言，就是要追求司法执法标准的历史的、具体的统一，无限接近不同案件处理在法律面前的实质平等。司法实践中，检察官在侦查合法性监督、收集无罪或罪轻证据、非法证据排除、审判监督等方面，以客观义务的法定要求，实现人权保障的独特功能。“坚守‘中立者’的定位及初衷，以平和的心态和情绪，理性客观、不偏不倚地平等对待和保护社会的每一个组织和成员，保持司法的稳定性和连续性，并在规制国家公权、构建检察权威与保障公民权利之间寻求动态平衡。”① 此外，检察机关还要通过改革绩效考核指标，保障检察官客观中立理念的落实。

三、监督上树立检察一体化理念

（一）坚持在办案中监督，在监督中办案

在以法律监督为特色的检察权一元论的定位之下，遵循诉讼与监督的客观关系，寓监督于诉讼之中，诉讼最终回归监督，坚持“四大检察”内在统一于法律监督这一宪法定位。任何权力的监督形态的形成都有其特定的路径依赖，检察机关的法律监督必须与诉权有机结合，在

---

① 秦前红、石泽华：《新时代法律监督理念：逻辑展开与内涵阐释》，载《国家检察官学院学报》2019 年第 6 期。

监督中办案，在办案中监督，建立“主导作用”与实质的处分权之间的联系，唯有如此，检察机关的主导作用才得以形成。一方面，借助诉权的刚性形成“具有法律属性的监督”；另一方面，将监督问题转化为诉讼程序或法律关系中的问题。以诉权为根本向外不断拓展检察职能，有利于“四大检察”自身法律监督功能基本定位的实现。

（二）推进“四大检察”平衡发展

检察权不仅要在刑事检察之外充分发挥民事、行政以及公益诉讼检察权能，还要在不同检察权能之内进行与时俱进的变革和调整，充分挖掘检察权的潜在权力能力，更要深化对“三个结构比”的研究分析和运用，持续补短板、增优势、调结构，推动“四大检察”更加全面协调充分发展。如在公益诉讼检察中，法律监督手段有限，法律监督范围狭窄，“等”外领域探索动力不足，作为“四大检察”中的一角无法支撑起检察机关法律监督机关的性质定位。[①] 未来，可依据“四大检察”的内部结构关系，以刑事公诉刚性的“波及”降低行政公益诉讼的商谈性，追求检察机关办理案件的“完成形态”，形成刑事检察的统摄效应，进而促进“四大检察”全面协调充分发展。检察职能在形式设定上遵守特定逻辑，刑事、民事、行政、公益诉讼检察在各自发展过程中，要牢牢把握法律监督这个权力共性的最大公约数，在法律监督的场域谋求最大程度的合作与共赢，注重检察权力系统中不同职能要素之间的协同运作。

---

① 参见刘志刚、平凡：《法律监督体系与监督能力现代化进程中的检察监督》，载《河北法学》2022 年第 11 期。

第二节　检察体系现代化

一、促进职能体系现代化

（一）检察职能结构现代化

不同的职能结构会体现出不同程度的权力能力。我国“四大检察”框架下的职能结构面临结构性重塑和功能性调整的挑战。一方面，国家公权力关系的调整对检察职能产生了整体性的影响；另一方面，“四大检察”中的行政检察和公益诉讼检察等新型职能需要更新配置，以平衡发展其各项职能从而适应社会发展的需要。此外，随着新时代的到来，不同检察职能也需要与时俱进地作出与国家和社会发展相适应的职能调整。所以，检察职能首先面临结构现代化的任务。因此，这意味着要对现有的检察职能进行梳理和优化，确保其符合国家治理体系的总体要求，并与其他权力机关协调配合，形成国家公权力运行的整体合力。

第一，在法治监督体系的融合发展中实现结构现代化转型。系统论视角下，检察机关的法律监督不仅要站在自身角度，更要居于法律监督与人大监督、监察监督、行政监督及舆论监督之间的动态关联进行体系研究。随着法治监督体系的不断演进，检察机关法律监督在监督体系中的角色定位和功能发挥等方面都要进行相应变革。因此，检察职能配置在外部适应性方面，既要着眼于顶层设计意义的制度性探索，又要寻求地方改革层面的制度性探索。条件成熟时可考虑制定专门的监督法，统合不同诉讼法中检察机关法律监督的内容，形成协调、完备的检察机关法律监督职能结构。同时，省级、设区的市级人民代表大会及其常务委员会等拥有立法权的地方国家权力机关可以遵循“在中央统一领导，充分发挥地方的主动性、积极性”原则下，出台相关地方性法规支持和保障检察机关依法履行法律监督职责。

第二，在检察职能的成熟定型中实现结构现代化转型。坚持做优刑事检察、做强民事检察、做实行政检察、做好公益诉讼检察的“四大检察”发展目标，有针对性地发展完善每一项检察职能，推动检察职能成熟定型。刑事检察职能方面，检察机关要承担刑事诉讼中的主导责任，并以此为引领强化侦查监督、践行少捕慎诉慎押刑事司法政策的现代化价值，重新构建刑事检察中的起诉裁量权等；民事检察方面，要以类案监督和跟进监督等职能聚合形成权利的普遍保护；行政检察方面，要补强行政违法检察监督和抽象行政行为监督等新晋职能；公益诉讼检察方面，要积极探索检察职能向“等”外范围拓展，积极推动公益诉讼检察立法。

第三，在检察职能的延伸中实现结构现代化转型。检察职能的现代化意味着检察职能超越现有权力能力，在法律规范的权限内向治理体系延伸，发挥检察职能在参与治理体系现代化中的作用。如检察机关积极探索犯罪控制协同化，将网络时代检察职能向社会治理领域延伸。又如，在刑罚执行监督中，从单纯的刑罚执行监督升级为涵盖非刑罚执行的监督，在刑事执行合法性监督的基础上纳入正当性监督的内涵，在传统的执行监督中植入多方参与的协商型执行监督元素。这些职能的延伸都在不断丰富检察职能结构的现代化内涵。

（二）检察职能方式现代化

职能方式反作用于职能实现，正如社会成熟的标志不是生产出哪种产品，而是取决于运用何种工具进行生产，不同的职能方式会产生不同的职能效果。近年来，随着叠加改革和检察职能自我改革及检察价值的现代化演进，原有的检察职能方式与新的检察情势、检察实践之间产生了一些不相适应之处。因此，必须对旧的监督方式进行继承和扬弃，优化、完善、改革既有监督方式，使之能为发展中的检察机关法律监督体系服务。

第一，在检察职能的一体化运行中实现方式现代化转型。“检察一体”原初是对近代大陆法系检察制度内部组织建构以及权能运行的原理性提炼。在我国，“检察一体化”是检察机关按照检察工作整体性、统一性和系统性的要求，形成的上下级检察院之间上令下从、同级检察院之间相互协作、各检察院内设部门之间支持配合，统一行使检察权的机制。“检察一体化”侧重于工作机制上的贯通、协调及整体性关系。[①]新时代背景下的检察一体化机制被赋予了不同维度的更多功能，然而这些功能却尚未完全在应然意义上得以实现，因此，要着力破除检察一体化机制建设中的制约因素，充分发挥检察一体化机制在全面提升检察机关法律监督能力中的作用。要转变部门本位思想，以辩证统一的思维正确看待检察权运行，及时深化“四大检察”对外作为一个整体行使检察权的理念。要在检察一体化中明确程序和实体适用的标准。如在知识产权案件办理过程中，如何一体化解决退赔违法所得、缴纳罚金、赔偿权利人损失、赔偿不知情消费者、处置侵权产品等责任竞合问题，如何一体化平衡经济责任、行政责任、刑事责任之间的关系；[②] 在未成年人检察工作中，如何一体化处理罪错行为与未成年人民事、行政、公益诉

---

① 参见龙宗智：《论“检察一体”与检察官统一调用制度之完善》，载《中外法学》2022 年第 2 期。

② 参见储铭铭：《推进检察一体化建设的困难与相关建议》，载《检察调研与思考》2022 年第 3 辑。

讼法律程序和实体的关系；刑事公诉如何与公益诉讼，以及公益诉讼之间如何进行一体化统筹；等等。要创新履职方式，注重案件办理向诉讼程序以外延伸；要充分发掘社会治理类检察建议的软性治理优势，以软性治理方式承载诉讼产生的刚性；要善于运用刑事司法救助等多元救济形式，保护刑事被害人的权利；要积极探索非刑罚措施的适用，体现特殊类型案件在刑事检察中的矛盾特殊性。

第二，在检察职能刚柔并济式的运行中实现方式现代化转型。检察职能运行方式应秉持司法的刚性，这是实现法治现代化的基本前提。法律在授予检察机关职权的同时，还要赋予保障其职权行使的强制力。如需要赋予检察机关公益诉讼调查核实权强制力。在此基础上，检察职能还需要以柔性方式作为刚性方式的缓冲，实现检察职能刚性方式和柔性方式的相得益彰。检察职能需要兼容具有软法治理性质的检察建议和极具刚性的诉讼方式，将软法治理的特性在监督方式的矛盾体中作为对立面存在、转换，这将更加符合法治现代化对于多元治理方式的需求。

第三，在检察职能的程序性运行中实现方式现代化转型。检察职能运行通常要求坚持实体与程序并重，但法治现代化不排斥单边强调检察职能的程序性运行。程序性权力是检察权的重要形态，尤其是在刑事诉讼中刑事检察职能作为承转性职能运行。因此，要保障检察职能的程序性运行，突出程序在超越时空、超越主观和自由裁量等方面对于法治现代化的特殊功能。在以审判为中心的刑事诉讼制度改革中，通过程序将审判标准逆向传导至侦查环节，在认罪认罚从宽制度实施中，尝试构建独立的程序体系。

（三）检察职能价值现代化

检察价值反映主体对于检察制度的满足程度。检察制度本质上是关于各种价值的讨论，所有其他都只能是技术问题。20 世纪美国著名法学家、社会法学派代表人物庞德认为，价值问题是法律科学所不能回避的，在每一种场合，人们都使用各种价值准则适应当时的法学任务，并使它们符合一定时间和地点的社会理想。① 检察职能现代化最终必定归于价值层面的升华，检察职能价值要符合法治现代化的价值标准。

第一，在秩序、公正、效益价值衡量中实现检察职能价值现代化转型。法的价值具有系统性，检察职能现代化要统筹法的不同价值，遵从秩序价值的底线性地位、突出公正价值的独特性地位、明确效益价值的衍生性地位。现代化的检察职能还应强调效率性和透明性，以适应社会对高效、公开、透明司法的需求。在提升效率方面，可以采取优化诉讼程序、加强信息化建设等方式，以提高案件办理效率，促进司法公正和司法效率的统一。检察职能运行中要进行价值衡量，在不同的案件中、不同的司法政策导向下、不同的诉讼程序中动态考量多元价值、平衡价值冲突。

第二，在制约性、监督性价值提升中实现检察职能价值现代化转型。无论从检察权产生的制度动机还是从检察权运行的实践样态来看，检察权本质上都兼具制约和监督价值，这是独属于检察权的价值。我国《宪法》将检察机关规定为法律监督机关，这种宪法定位也体现了检察权制约监督价值的独特性。因此，检察职能现代化首先就是要充分实现检察权的制约监督价值，提升制约监督价值的实现程度，使之与《宪法》规定的职能定位相匹配，与当时的法治任务相匹配。

第三，在公益性、救济性价值拓增中实现检察职能价值现代化转型。检察职能价值的现代化意味着检察机关依据现实的法治条件和法治

① 参见［美］庞德：《通过法律的社会控制法律的任务》。转引自卓泽渊：《法律价值论》，法律出版社 1999 年版，第 21 页。

需求发挥作用，在公共利益维护和弱者权利保护等方面拓增附加价值。公益性是检察权发展的时代特征，检察权由过去代表国家利益进化到代表民众维护社会公共利益阶段，反映了人类法制选择民主、文明进步的过程。同时，救济性又是法治国家中宪法层面的价值，是民主社会的终极价值。为此，检察机关要积极探索公益诉讼“等”外领域，加大对公共利益的覆盖范围和保护力度，补强公益诉讼的损害恢复和预防功能；要完善支持起诉等职能加强弱者权利保护，统筹民事行政检察职能的公权监督和私权救济价值。

（四）构建现代化的刑事诉讼体系

第一，保持控审分离和控辩平等的刑事诉讼关系。控审分离和控辩平等是刑事诉讼现代化的重要标志，是现代刑事诉讼结构的内在需求。现代性就是由法律单纯作为社会控制工具的功利主义转向对个人权利和人的尊严、自由的重视，其核心是从单纯的上位权力制约下位权力转向同位的控审权力之间的制约，以及在此两种制约基础上实现权利对权力的抗衡。因此，要坚持“证据裁判”原则，坚持法定证明标准，完善证据运用规则，转变证据审查方式，增强检察人员办案的亲历性，构建完善以证据为中心的刑事指控体系，[①] 提高庭审实质化程度。根据2024年1月14日全国检察长会议的要求，对“以证据为中心的刑事指控体系”的内涵、原则、证据全链条审查运用以及相关工作机制作出明确规定。同时，充分发挥律师在构建良性刑事诉讼关系中的作用，推动实现刑事案件律师辩护全覆盖，确保辩护制度的刚性。

第二，强化检察机关主导责任。检察机关主导责任产生于现代刑事

---

① 参见陈国庆：《中国式刑事检察现代化的若干问题》，载《国家检察官学院学报》2023年第1期。

诉讼“第四范式”，是对“放弃审判制度”的一种回应。[①] 检察机关主导责任强化了检察官客观义务，刑事诉讼中人权保障机能通过检察主导责任得以发展，而人权保障正是刑事诉讼现代化的核心价值。“我国检察机关的主导责任，其真正有力和持久的支撑，来自检察机关在自由权利保障方面要扮演的角色以及由此产生的影响”。[②] 在刑事检察中，以认罪认罚从宽制度实施和以审判为中心的刑事诉讼制度改革为契机，重塑检察机关法律监督与其他国家权力之间的互动关系，强化检察机关在刑事诉讼中的主导责任，并以此为引领强化侦查监督、践行依法适用少捕慎诉慎押刑事司法政策的现代化价值，重新构建刑事检察中的起诉裁量权等。尤其是在认罪认罚案件中，检察机关主导范围从审前主导延伸到全程主导，主导内容从程序主导扩大到“程实”共导，主导方式从单向对抗变为双向协商，主导效力从主要参考变为实际影响。[③] 此外，还要完善刑事诉讼制约监督体系和检察权运行制约监督体系。以加强刑事检察全流程规范化建设为抓手，全面加强对立案、侦查、审判、执行等各环节的监督，进一步提升刑事诉讼监督质效，同时自觉接受其他执法司法机关的履职制约，确保司法公正。

第三，探索刑事诉讼多元治理模式。全面依法治国既表明了国家治理和社会治理应当以法治为基本遵循，也意味着法治应当恪守治理体系现代化的基本内在要求。“从国家治理和社会治理的大局出发推动检察

---

① 参见熊秋红：《比较法视野下的认罪认罚从宽制度——兼论刑事诉讼“第四范式”》，载《比较法研究》2019 年第 5 期。

② 张建伟：《比较法视野下检察机关的主导作用》，载《国家检察官学院学报》2022 年第 1 期。

③ 参见杨宇冠、王洋：《认罪认罚案件中的“检察主导”：运作特征、归因逻辑与规范路径》，载《河南师范大学学报（哲学社会科学版）》2021 年第 2 期。

制度改革，是检察机关正在做和将来应当做的”。[①] 依法治国语境下社会治理的价值目标应该是良法与善治的互为因果，法的秩序、效率、正义、自由价值在社会治理成效中得到更高标准的反馈。申言之，需要以善治的标准对刑事司法进行衡量，进而实现工具理性与价值理性的辩证统一。进入社会治理的新时代，人民对公平正义有了新的理解和更高的要求，法治获得感成为评判刑事司法参与社会治理成效的重要方面。因此，应回应积极刑法立法对于刑法保障法定位的松动和形变，顺应刑事诉讼从“治罪”到“治理”的职能拓展，探索以刑事诉讼多元治理模式替代刑事诉讼二元惩罚模式，构建“治罪”与“治理”并重的犯罪治理模式。发挥国家专门机关对刑事诉讼的主导作用，尊重和保障当事人的正当程序权利，在查明案件事实真相的基础上，依靠被追诉人、被害人、社会力量的多方参与，化解矛盾、解决纠纷、实现对犯罪的修复与矫正。[②] 从边际效用原则出发，尽可能地降低刑罚给行为人的社会生活所带来的负面效应，从而维护刑罚的公平性、合理性，体现刑罚的道德性、人文性，进一步促进发挥刑罚的威慑和积极一般预防作用，并由此产生积极的社会治理成效，有效实现刑罚目的。

（五）构建现代化的检察侦查体系

检察侦查体系构建需要针对直接侦查案件与监察机关、公安机关管辖的互涉情况，从机制上解决协同办案的问题。这包括统筹考虑主罪由谁管、谁继续办案更为有利等因素，避免采取“一刀切”的做法。同时，必须明确机动侦查的办案程序和实体问题，并建立健全工作机制。

---

① 张建伟：《比较法视野下检察机关的主导作用》，载《国家检察官学院学报》2022年第1期。

② 参见史立梅：《论刑事诉讼的多元治理范式》，载《政治与法律》2022年第12期。

在此过程中，特别需要重点办理那些具有示范和引领意义的典型案件。此外，以“监督型”侦查为目标导向，检察机关应紧紧围绕“法律监督机关”的本位，对检察侦查权进行体系化建构。[①] 在检察工作现代化进程中，应以法律监督为重要方向，统筹不同类型的侦查权，构建有机的检察机关侦查职能体系。一些学者指出，自行侦查的重点在于实现“查人”与“纠案”之统一；机动侦查应该被充分激活，并将其打造成全方位的“监督型”侦查权，通过“侦查的再侦查”来监督其他法定侦查主体；自行补充侦查应该得到重视，并融入“监督型”侦查体系。此外，以“监督型”侦查为切入点，还可以探索监督监察机关的路径。[②] 在未来检察机关侦查权的发展过程中，需要有针对性地考量不同类型检察机关侦查权的配置与运行特点，在多元发展方向中把握各自的重点。同时，还应以监督性为中心，推动检察机关侦查权向着阶层式、专业化和混合型的法律监督体系发展。为此，需要推进检察侦查专门队伍和办案机制的建设，可在省级人民检察院和有条件的市级人民检察院专设独立的侦查机构和侦查队伍。对于有条件的刑事执行检察派出院，则可赋予其职务犯罪案件初核权。

（六）构建现代化的民事行政检察体系

当前，要以民事法律和行政法律在保护权利和制约权力方面的最广泛性优势，承载民事行政检察职能在“人民中心”中的现代化使命。首先，民事检察方面。第一，注重类案监督机制的建立，促进民事检察

---

① 参见秦前红：《检察侦查权的制度逻辑与时代走向》，载《政法论丛》2023 年第 4 期。

② 参见秦前红：《检察侦查权的制度逻辑与时代走向》，载《政法论丛》2023 年第 4 期。

监督从个案监督转向类案监督。现代化国家中，民事司法将在私权保护中发挥更为普遍的作用，民事检察因此应当形成渗透于社会生活各个方面的全方位保护。民事检察职能要追求较低案件数量基础上的普遍治理成效，以完成现代化背景下民事检察监督的“矛盾对立统一”。类案监督机制充分体现了检察监督向类型化、精准化发展的司法规律，根据系统论中整体大于部分的基本观点，类案监督相较个案监督是一种更加高级的监督形态，它既着眼当下，更强调未来，兼具纠错和预防两大功能，在统一法律适用、规范司法行为、推动社会治理方面都显露出明显优势。要通过个案成果的“再运用”，破解民事检察监督因较低案件数量导致的保障法律正确实施的局限，以类案监督等职能聚合形成对权利的普遍保护。个案监督是类案监督的前提，类案监督是个案监督的拓展运用，民事检察监督既不能忽视优质典型个案的刚性价值和示范作用，更要强调类案监督的规模效应。要通过个案监督与类案监督相结合，争取抗诉一件促进解决一个领域、一个地方、一个时期司法理念、政策、导向的问题，发挥对类案的案例指导作用，防止通过粗放式办案片面追求办案数量，通过精准监督在更高层次上充分发挥检察机关法律监督功能。

第二，激发民事检察多元监督的结构效益。新时代民事检察从单纯的对审判活动的监督拓展到整个民事诉讼领域，监督方式从抗诉扩大到再审检察建议、检察建议等多种方式，并赋予检察机关监督中的调查核实权，形成了连锁交互的民事检察监督权能结构。民事检察职能也上升到依法履行法律监督职责，维护民事法律正确统一实施，维护公民权利、化解社会矛盾和服务经济社会发展的现代化高度。多元监督使检察机关将《宪法》所赋予的法律监督职能演绎到了目前所能承受的最大限度，并且留下了未来进一步伸展的制度空间和契机。[①] 中国社会转型期，存在大量的传统民事诉讼理论和制度无法妥善解决的问题，而具有时代性的民事检察监督恰恰可以为化解这类问题提供中国方案。因此，要统筹民事检察的多元监督权能或监督方式，如将调查核实权、抗诉权与检察建议、纠正违法意见组合运用，激发民事检察多元监督的结构效益，破解检察建议“软”、办案效果“平”、监督合力“弱”等制约民事检察监督成效的问题[②]。

其次，行政检察方面，要补强检察机关行政违法法律监督和抽象行政行为法律监督等新的职能。第一，强化行政违法行为法律监督。检察机关要从政治制度、国家治理层面，从加强对公权力的监督、促进法治政府建设的角度，认识和加强行政检察工作，解决“不敢”“不力”等问题。要理顺行政公益诉讼与行政违法行为监督之间的关系，以行政公益诉讼与行政违法行为监督的异质同构性为基础，加强衔接协调。一方面，充分融合行政公益诉讼与行政违法行为检察监督职能，实现无缝对接。对于行政公益诉讼与行政违法行为检察监督范围重合领域内的案件，将涉及公共利益的行政违法行为统合于行政公益诉讼轨道，行政违法行为监督直接纳入行政公益诉讼诉前程序，对行政违法行为调查取证按照诉前程序的标准进行，以公益诉讼“诉”的刚性弥补行政违法行为检察监督法律依据不足问题。另一方面，积极探索行政公益诉讼与行政违法行为检察监督一体化工作机制，实现行政公益诉讼与行政违法行为检察监督的整体性和同步性。行政检察部门各公益诉讼检察部门之间

① 参见庄永廉、汤维建等：《如何健全协调发展的多元化民事检察监督格局》，载《人民检察》2017年第5期。

② 参见庄永廉、郑新俭等：《如何健全协调发展的多元化民事检察监督格局》，载《人民检察》2017年第5期。

应当互相移送线索，办理行政违法行为检察监督案件时，可根据案件特点适度借鉴公益诉讼案件的办案经验和办案规则。当然，也要科学划定行政违法行为监督与行政公益诉讼的边界，在厘清边界的基础上推进两者的融合衔接，充分发挥行政检察与公益诉讼检察各自的监督优势与精准性，形成检察监督合力。

此外，还要加强"行刑反向衔接"中的行政违法行为监督。"行刑反向衔接"运行中较为容易发现行政执法过程中的违法作为或不作为现象，为检察机关开展行政违法行为监督提供了一个良好的切入口。根据最高人民检察院制定的《关于推进行刑双向衔接和行政违法行为监督构建检察监督与行政执法衔接制度的意见》，要探索完善"行刑反向衔接"中的行政违法行为监督。其一，要强化"行刑反向衔接"中行政违法行为监督的标准化构建。从法规范的角度确立"行刑反向衔接"中行政违法行为的审查标准；厘清"行刑反向衔接"中的行政违法行为监督范围应涵盖"行刑反向衔接"各个环节。其二，要对"行刑反向衔接"中的行政违法行为监督进行类型化分析。要明确"补罚类""行刑反向衔接"中行政违法行为监督的审查重点和"双罚类""行刑反向衔接"中行政违法行为监督的监督重点。其三，要准确把握"行刑反向衔接"中行政违法行为监督柔性与刚性的统一。在尊重行政裁量的基础上精准把握督促纠正的合理尺度；强化"行刑反向衔接"中行政违法行为监督的后置保障。

第二，探索对抽象行政行为的法律监督。在现代文明的法治国家中，针对抽象行政行为进行合宪性审查对法律监督的制度保障来说至关重要，[①] 从规范层面进行源头治理是法律监督现代化的应有之义。抽象

---

① 参见马竞遥：《抽象行政行为的合法性审查及其制度完善》，载《广东行政学院学报》2019 年第 1 期。

行政行为具有反复适用性、普遍约束性和准立法性，对抽象行政行为开展法律监督可以从根本上减少行政违法行为的发生。我国检察机关是国家的法律监督机关，是保障国家法律统一正确实施的司法机关，是保护国家利益和社会公共利益的重要力量，是国家监督体系的重要组成部分，我国《宪法》赋予了检察机关依法独立行使检察权，具有独特的优势地位。检察机关对抽象行政行为进行审查，可以充分行使检察监督的权力，能更有效地维护国家法律的统一实施，完全符合宪法的基本精神和原则要求，有效促使政府依法行政。要对行政法规、地方性法规、自治条例和单行条例合宪性和合法性行使审查权，对行政规章与行政规范性文件等抽象行政行为实现法律监督，在制度层面从行政法的角度对行政活动类型化监督进行深层面的制度探索。①

第三，通过行政检察促进源头治理。其一，加强源头预防工作，以行政违法行为监督为突破口做好源头预防工作。行政诉讼检察监督通过直接监督法院行政审判的方式，也能起到间接监督行政行为的效果，但仅依靠诉讼内的监督来推动依法行政作用十分有限，无法对行政争议的发生和发展起到有效预防及阻止作用。在此背景下，赋予行政检察直接面对并监督违法行政行为的权力，实现监督方式非诉化，变事后监督为事前、事中监督，是做实行政检察工作的重大突破口。② 其二，实质化解行政争议，以行政争议实质性化解为牵引做实源头化解工作。面向尚未进入检察监督环节的案件开展争议化解工作，即将检察机关介入的时机提前，对处于行政复议和行政诉讼阶段的争议进行化解，有利于

---

① 参见刘志刚、平凡：《法律监督体系与监督能力现代化进程中的检察监督》，载《河北法学》2022 年第 11 期。

② 参见叶伟忠、刘东杰：《行政执法检察监督回归的理论基础》，载《检察工作》2022 年第 1 期。

遏制诉讼增量，减少诉讼存量，契合矛盾纠纷靠前解决的基本规律。同时，依托法律监督职能，在检察环节深化源头化解，跳出个案化解参与社会治理，提升源头治理效能。其三，优化源头治理工作，以行政检察类案监督为着力点做优源头治理工作。要做好行政争议源头治理工作，不能止于诉讼的源头治理问题，还需追溯问题的根源，面向更为全面、深层的社会问题的治理，即追本溯源、抓源治本，通过源头治理防范类似行政争议发生。同时，通过类案监督推动源头治理的多元化形式。由于检察建议的使用受到“在办理案件过程中发现”的限制，实践中往往采取更加灵活可操作的多元化监督方式。检察机关通过开展专项监督活动、专题调研、座谈研讨、参与执法评查等活动，系统分析发现执法司法、社会治理中存在的普遍性问题，撰写情况通报或专题报告，向法院和有关行政机关通报，明确指出存在的问题，进而通过会签文件、共同出台会议纪要等形式提升类案监督工作成效，督促相关责任部门堵漏建制。

（七）构建现代化的公益诉讼检察体系

要通过公益事诉讼专门立法，促进检察公益诉讼体系化、规范化建设。“事先的完备立法比事后的司法补正作用更为深远与重大”。[①] 我国检察机关提起公益诉讼制度来源于实践探索，司法实践中尚有诸多问题未达成共识，亟须通过立法建立完备的规范体系和配套制度。通过立法明确检察机关在公益诉讼中的公诉人地位，采取“重点列举 + 概括兜底”的方式规定公益诉讼案件范围，完善公益诉讼调查取证程序，完善公益诉讼制度配套措施。同时，构建公益诉讼制度实施格局，主动争

① 王洪：《逻辑的训诫——立法与司法的准则》，北京大学出版社2008年版，第51页。

取地方党委政府领导支持，深化检察机关与行政机关的协同协作，在诉讼保全、审理程序、裁判执行、公益赔偿金管理等方面与法院凝聚更多共识，充分调动群团组织、社会公益组织以及人民群众参与公益诉讼的积极性。办案中，重在以可诉性来提升精准性和规范性。检察机关通过公益诉讼在化解社会矛盾风险、服务发展大局和参与社会治理中的独特功能推动检察权的现代化演进。

二、推动组织体系现代化

（一）持续推动检察机关“去地方化”和“去行政化”

推动组织体系现代化要针对“去地方化”和“去行政化”进行更为彻底的接续改革，以此保障法律正确实施。“去地方化”和“去行政化”是检验检察组织体系现代化程度的“两个基本点”，是实现检察专业化的基本保障。关于“去地方化”，继续推动地方检察机关人、财、物的省级统管改革，明晰中央和省级的经费保障责任，形成符合检察工作规律和客观需求的人财物管理体制。要继续推进跨行政区划检察院的设置，探索建立与巡回法庭相对应的巡回检察机构。关于“去行政化”，要从保障检察权依法独立行使出发，平衡检察权和检察管理权之间的关系，二者形成合理并存、相互保障、相互促进的权力运行形态。对于检察专业人员，强化检察官办案团队在发挥业务决策方面的独立作用，同时，优化科层管理制度在检察行政人员晋升、交流、考核方面的管理优势。要全面落实司法责任制，保障检察官在检察权运行中的主体地位。要深化完善检察官遴选委员会和惩戒委员会工作机制，充分发挥检察官遴选和检察惩戒在检察人员管理中的独特作用。

（二）继续推动检察机关基本组织形态变革

当前，要继续完善检察一体化和内部监督制约的检察机关基本组织形态。推动检察组织体制整体性构造，强化检察权一体化行使，健全立体化内部监督制约机制，确保检察权运行的整体性和统一性。要进一步优化权力融合，构建全方位的检察一体化工作机制，整合部分内设机构在部分业务中的工作联系机制，做到纵向一体化与横向一体化方面既有宏观的原则要求，又有明确具体的一体化办案模式，切实做到检察工作有章可循。完善以考核为主要内容的配套措施，将案件是否按照“四大检察”一体化运行的要求办理纳入业绩考评体系，视检察一体化的实现情况设计出指标进行加分或减分。进一步完善业绩考评体系，注重“四大检察”一体化运行的目标导向，创新构建顺应检察一体化机制特定规律的研判保障激励机制。同时，关注检察一体化运行中的司法责任制的特殊性，理顺检察一体化与检察官责任承担的关系。

第三节　检察程序和检察机制现代化

一、适应刑事司法现代化的角色定位

（一）提升刑事普通程序中的庭审实质化程度

庭审实质化是贯彻以审判为中心的刑事诉讼制度，最终实现刑事诉讼制度现代化的关键。重大疑难复杂刑事案件必然经由庭审实质化实现正义审判，这也是通过公正程序充分保障庭审对抗，进而形成法庭权威，是最能直观体现法治现代化的“感性指标”。落实庭审实质化：其一，充分发挥检察机关在诉前主导、审前过滤、庭审指控中的作用。检察机关通过提前介入侦查、侦查监督、补充侦查等将审判标准逆传导至侦查环节，从源头上提高在证据方面的案件质量。检察机关通过

事实和证据审查，在审前发挥案件过滤作用，为庭审实质化节约司法资源。在庭审中，通过法庭调查、法庭辩论的实质化，检察机关对指控犯罪发挥主导作用。其二，落实被追诉人的诉讼主体地位。被追诉人的充分参与是刑事诉讼的公正标准之一，被追诉人应当有充分的机会实质性地参与到对其权益产生影响的刑事案件中，并对裁判的结果产生实质性的影响作用。[①] 通过被追诉人的权利主张对庭审实质化形成张力，增强刑事诉讼各方在庭审中监督、制约的本体地位。其三，强化刑事普通程序中的律师辩护权。要保障关键程序环节的律师辩护权，规定从立案阶段就覆盖律师辩护权，以有效避免不当的立案带来的后续羁押、追诉、审判等方面的问题。要明确律师不尽职辩护的识别标准及法律后果，如发现存在律师不尽职辩护的情况应当为被告人提供权利救济。[②]

（二）推进刑事执行及其附随规定创新

第一，健全刑罚和非刑罚处罚措施。扩大非监禁刑在刑罚中的适用比例，监禁刑与非监禁刑在刑罚体系中的结构安排应当科学合理。检察机关在刑事执行监督中需要强化再社会化原则，通过刑罚的变更执行赋予刑罚执行惩罚和再社会化的双重功能。尤其是对于非监禁刑和检察机关不起诉后的非刑罚处罚措施的执行，检察机关要进一步转变监督理念，将治理型司法的商谈、合作、修复等精神融贯于执行监督中。如创新设置中间制裁措施，尝试建立社会服役制度等。将新时代刑事执行中的人权原则、公共利益原则落实于社会治理的现实需求中，将人权和公共利益保障落实于具体的诉权体系中，并形成刑事执行中公权力之间的

---

① 参见陈瑞华：《刑事审判原理论》，北京大学出版社 1997 年版，第 161 页。

② 参见胡婧：《刑事普通程序庭审实质化的强化路径》，载《甘肃社会科学》2021 年第 2 期。

有效制约和监督。

第二，调整关于附随后果的规定。随着犯罪结构的变化，刑事诉讼程序层面的繁简分流应当与实体上的宽严相济形成呼应。立法机关应当在遵循法律保留原则的基础上，全面清理具有牵连性质或者与犯罪不具有实质关联的前科规定，尽量不设置或少设置终身制的前科规定，对于附随后果的设置要具有合法性和合宪性。例如，可以考虑修改《公职人员政务处分法》中关于公职人员犯罪给予开除处分的规定，对现有适用条件和适用后果进行修订。对于轻罪的前科记录，可以着手构建犯罪记录封存或犯罪记录清除考察期等前科清除制度。前科消灭之后，当事人在法律上不再被视为曾经犯过罪的人，在升学、就业、经营等方面不会再因曾经犯罪而受到差别待遇。

二、破解制约民事检察工作现代化的因素

（一）实化监督手段

在实现民事检察的现代化过程中，必须加强民事检察与其他实质性权力的协同合作，以形成更加有力的监督手段。通过检察机关的司法人员职务犯罪侦查权对违法审判形成威慑，赋予民事检察权更强的刚性。应以检察一体化工作机制保障民事检察中调查核实权的运用，重大民事检察监督中充分发挥“四大检察”一体化履职优势，形成监督合力。着眼破解监督力量不集中等问题，推行上级检察院统一调配办案模式，在辖区内或者经请示同意跨区域检察院之间调配检察官异地履行职务，发挥纵向一体化机制的监督优势。

（二）完善民事检察精准监督机制

《民法典》时代也是我国公民私权保护的新时代，检察机关根据平

等保护原则对各类民事主体及其权利予以保护，重点强化精准监督，使"法律监督"的内涵中融入了"精准化保护民事主体合法权利"的意蕴，[①]健全以"精准化"为导向的民事诉讼监督机制已然成为民事检察改革的重要内容。一方面，要进一步完善检察机关阅卷、调卷等监督实施机制，建立与公安机关、审判机关的信息共享机制，落实民事案卷"正副卷一并调阅"机制，依法打击虚假诉讼、拒不执行判决裁定等妨害民事司法的犯罪行为。要通过公开听证促进案件公正办理，设置听证意见强制反馈机制。另一方面，对于损害较重、违法主体较多、行政层级较为复杂的特殊案件，应推行上级检察院统一调配办案模式，从而集中监督力量解决跨行政区划导致制度供给不足等问题。这意味着在辖区内或者经过请示同意后跨区域检察院之间调配检察官跨区划协同履职，发挥纵向一体化机制的监督优势，促进源头治理。

三、跟进行政检察新晋职能的程序和机制建设

（一）明确监督程序

针对行政检察新增职能特点，明确行政违法行为检察监督基本程序的构造；明确涉及公民人身、财产权益的行政强制措施、行政强制执行的检察监督程序，系统落实行政检察助推依法行政工作；明确特定类型行政强制措施检察监督介入程序，强化过程监督。检察机关应当根据行政强制措施、行政强制执行涉及公民权益或社会公共利益的具体情况，注重对重点案件的过程介入。[②]

① 参见王海军：《"法律监督"概念内涵的中国流变》，载《法学家》2022年第1期。

② 参见王林林：《论侵犯公民合法权益型行政强制措施的检察监督》，载《法学杂志》2019年第3期。

（二）完善协作机制

行政检察监督借助行政权的运行体系进行实施，尽可能依托其他监督机制和行政系统内部机制发挥作用[①]。加强检察监督与行政执法衔接，在“两法衔接”的基础上，探索检察机关与行政机关在更多领域和内容上的衔接配合，积极构建检察监督与行政执法衔接制度。完善检察机关履职过程中发现行政违法违规线索的处置机制，建立健全以信息通报、联席会议、介入侦查、案件移送为主要内容的协作机制。

（三）助推行政检察监督信息化建设

行政检察监督信息化建设可从技术层面将复杂多样的行政行为简单化或类型化。加强相关职能部门的统筹协调，不断优化综合研判平台，实现大数据模式下检察监督案件和线索信息的快速发现、智能检索、智能研判和指挥决策等目标。可以考虑由同级的检察机关与司法行政机关共同推进检务大数据平台与政府政务大数据平台衔接，从而实现在两大平台下的行政检察平台与行政执法信息平台之间的衔接，有助于检察机关对行政执法机关开展精准化、协同性的检察监督。[②]

四、健全符合“公共性”的公益诉讼工作机制

（一）建立客观诉讼机制

行政诉讼或行政诉讼监督都是对行政行为或审判权的监督，尤其是检察机关具有法律监督性质的行政诉讼监督权能，都因其被监督诉讼的

---

① 参见肖中扬：《论新时代行政检察》，载《法学评论》2019 年第 1 期。

② 参见杨治坤：《行政检察与行政执法的衔接机制研究》，载《江汉论坛》2022 年第 8 期。

主观诉讼性质而相应辅以主观诉讼机制。厘清法理监督与公益代表的关系，就是要建立检察机关提起公益诉讼的客观诉讼机制。“法律监督与公益代表的结合突显了检察公益诉讼的客观诉讼性质”。[①] 公益诉讼只有突破主观诉讼的限制，才能超越行政诉讼的制度框架，达成个体利益与公共利益的有效沟通。“行政公益诉讼作为一种客观诉讼机制，可以弥补主客观诉讼机制割裂的缺陷，并缓解行政诉讼的内在冲突与张力”。[②] 作为公法诉讼性质的公益诉讼，其在受案范围、立案程序、诉讼请求、证据规则、审理规则、责任形式、判决类型等方面都应当符合客观诉讼的特征。

（二）强化公益救济机制

“公法诉讼”衍生出具有特殊属性的公益救济机制，公益救济机制又以公共责任机制为要旨。以侵权诉讼程序为基础的环境民事公益诉讼等公益诉讼类型，体现了对于权利救济的公法机制的内在诉求。公法机制下的民事公益诉讼，超出传统民事诉讼的诉讼请求和责任形态，由此，需要赋予其根本的公法色彩的权力规则。尤其是环境保护中的民事公益诉讼，其公法诉讼的标准要求更为突出，“环境公益主要靠公法救济，这是世界各国的共通做法和普遍经验，也是现代环境法得以脱离民法独立发展的根本原因”[③]。以当前检察机关提起公益诉讼所处的立法阶段看，进一步完善“两高”《关于检察公益诉讼案件适用法律若干问题的解释》的路径较为可行。主要是将行政附带民事诉讼的公益诉讼

---

① 谢鹏程：《论法律监督与公益代表——兼论检察机关在公益诉讼中的主体地位》，载《国家检察机关学院学报》2021 年第 1 期。

② 刘艺：《构建行政公益诉讼的客观诉讼机制》，载《法学研究》2018 年第 3 期。

③ 巩固：《环境民事公益诉讼性质定位省思》，载《法学研究》2019 年第 3 期。

整合形式写进司法解释，弥补行政公益诉讼或民事公益诉讼单一诉讼形式在公益救济方面的不足。以此而论，行政附带民事诉讼实践形式的创设，有赖于法律监督与公益代表关系的理论前提。只有公益代表性质的权力制度在法律监督之外获得独立的制度要素，行政附带民事诉讼的程序设计才能寻求正当的理论支持。

（三）激活内部责任机制

由于检察机关公益诉讼制度运行初期一定的政治动员色彩，检察主体对于公益诉讼的启动难免具有不同程度的选择性。法律监督是增加义务的行为，是对行政违法行为的监督，涉及检察权和行政权等不同权力的运行边界问题，因此，行政违法行为检察监督讲究谦抑性。而公益代表则恰恰相反，公益代表是增加权利的行为，是维护公共利益的行为。如前文所述，所有公共利益被检察机关代表的机会都是平等的。[①] 所以，短期来看，检察机关提起公益诉讼在主要领域展开，但长期而言，代表行为的特殊意义要求检察机关提起公益诉讼应少一些政策偏好，多一些公益取向。在检察机关提起公益诉讼职能运行初期，主观诉讼的理念支配、案件量值的维持，以及考核机制的不科学，极易导致内部责任机制的虚无。所以，应以检察官权力清单为基础构建内部责任机制，以权力的限度引导、保持和规划检察办案组织成员的行为，如此，才能与公益代表性质的权力相匹配。

（四）提高公众参与度

当前，“我国的司法改革已经进入一个由‘党政推进型’向‘党政

① 这里需要申明的是，公益诉讼领域的全覆盖与公益诉讼的补充性特征并不矛盾，公益诉讼作为补充性权力主要是指行政优先原则，检察权在维护公益时只有在行政机制失灵的情况下才发挥作用。

推进与人民参与’过渡的转折时期”。[1] 同时，公益诉讼分担的公民社会权利保护的切口责任，决定了公益诉讼权力运行中适度的公众参与。公益代表的“代表”，本身表明了公众意见的集中，强调哈贝马斯提出的“协商民主”式的公众参与。所以，提高检察机关提起公益诉讼的公众参与度，也是公益诉讼的公众参与本质使然。检察机关提起公益诉讼职能实施中，提高公益诉讼的公众参与度与公益诉讼的公权化运作形成一种呼应。在缺乏公众广泛参与的情形下，公益诉讼很难视为一种有效运作的机制。[2] 在“公众参与司法”的概念中，“参与”具有多种形态。较之于公益代表的“参与”，一方面是指法律赋予公民个人、法人、社会组织等多元主体以公益诉权；另一方面是指在检察机关提起的公益诉讼中公众的实质参与。由此，应在相关公益诉讼的程序和规则中增加提高公众参与度的实质性条款，将社会公众的意见和建议以法律的形式在公益诉讼的立法调整中予以明确。

第四节　检察能力现代化

检察工作现代化的实现最终落实在检察职业主体身上。英格尔斯指出：“无论一个国家引入了多么现代化经济制度和管理方法，也无论这个国家如何效仿最现代的政治和行政管理，如果执行这些制度并使之付诸实施的那些个人，没有从心理、思想和行动方式上实现由传统人到相对

---

① 胡铭、邱士辉：《公众参与司法的正当性基础与实现路径》，载《安徽大学学报（哲学社会科学版）》2015 年第 4 期。

② 参见关保英：《行政公益诉讼中的公益拓展研究》，载《政治与法律》2019 年第 8 期。

人的转变，真正能顺应和推动现代经济制度与政治管理的健全发展，那么，这个国家的现代化只是徒有虚名。”① 著名法学家哈耶尼曾断言：“对正义的实现，操作法律的人比操作的法律的内容更重要。”② 埃尔曼甚至认为：“法律专业人员负有塑造法律制度的结构与类型的使命，并在很大程度上确定法律运作于其中的一般趋势。”③ 英格尔斯、哈耶尼和埃尔曼的观点都揭示了法律实施者的重要性。也就是说，现代化的法律制度和管理方法必须与实施者的心理、思想和行动方式相适应，否则现代化只是徒有其表。

一、加强政治能力和业务能力建设

（一）加强政治能力建设

加强政治能力建设旨在培养检察职业主体保持政治定力、驾驭政治局面、防范政治风险的能力。检察权作为政治性权力，检察权运行是政治权具体实现的重要载体。站在党和人民的立场，站在中国的立场，成为检察职业主体政治能力建设的根本问题。因此，检察职业主体应当坚持底线思维，思想上坚守马克思主义的政治底线，纪律上保持廉洁自律的底线；遵守政治原则，遵从检察权的政治性，恪守检察权运行中的人民主体地位。检察职业主体要不断提高政治站位，提升政治判断力、政治领悟力、政治执行力，在案件办理和社会矛盾化解中努力实现法律效果、政治效果、社会效果的有机统一。检察职业主体要提升政治判断

① ［美］阿历克斯·英格尔斯等：《人的现代化——心理·思想·态度·行为》，殷陆君编译，四川人民出版社 1985 年版，第 20 ~ 21 页。

② Evan Haynes, *The Selectionand Tenure of Judges*, Newark, NJ, National Conference of Judical Councils, 1944 J. p. 5.

③ ［美］埃尔曼：《比较法律文化》，高泓钧等译，三联书店 1990 年版，第 134 页。

力，强化自身战略定力和防范化解风险能力；要提升政治领悟力，系统掌握习近平新时代中国特色社会主义思想和贯穿其中的马克思主义方法论；要提升政治执行力，坚持实事求是和问题导向，增强贯彻顶层设计和落实具体任务的能力。

（二）加强业务能力建设

加强业务能力建设旨在培养检察职业主体的专业素养和专业技能。第一，强化核心业务素能的提升。夯实检察职业主体庭前阶段指控证据基础，加强出庭能力建设，抓实庭审观摩、跟庭考核等工作，切实提升指控犯罪、证明犯罪、审查过滤把关能力。第二，完善检察教育培训制度。深入推进检察教育培训体制、运行机制、培训内容和方式改革。围绕新时代司法办案理念、最新法律政策、重大疑难案件和新类型案件、案件管理和实务等，分层分类开展覆盖各条线的高质量业务培训。持续深化法律职业共同体同堂培训，完善检察机关与高等院校合作培养人才机制。加大涉外法治人才培训力度，培养储备一批具有国际视野和专业能力的检察人才队伍。推进实战练兵常态化，统筹开展各条线各领域业务竞赛。就建立检察教育培训机制而言，必须注重法学院教育与检察职业培训的互补性方向。首先，应该系统充实司法方法、司法技能等实践知识，对现在的法学院教育体系进行改革，使其更符合由感性认识上升为理性认识的认知规律。其次，国家统一法律职业资格考试应该增加面试内容或者在笔试中增加针对案例的司法处理能力的考察。最后，对现行的检察职业培训模式进行改革，将知识型培训改变为应用型培训，着重培养司法主体的法律运用能力。就检察教育培训方式而言，同样需要关注法学院教育与检察职业培训的衔接性方向。应从单方传授、论文写作等法学院式的重在教育的方式转换成情景式教学、讨论式教学和实际操作式教学等重在实践的训练方式。第三，优化人才队伍管理。畅通特殊专业人才入职绿色通道，加大引进民事、行政、知识产权、金融证券、网络信息、数字技术、职务犯罪侦查等领域检察紧缺人才力度。实施新时代检察领军人才培养计划，构建多层次的人才培养体系。有计划开展检察人员在上下级检察院、系统内外交流、挂职，推进检察人才跨地域、跨层级、跨系统学习锻炼。

二、强化职业道德、职业伦理和职业精神建设

（一）强化职业道德、职业伦理建设

强化职业道德、职业伦理建设旨在培养检察职业主体的职业操守和职业责任。

第一，强化检察制度建设和检察文化建设。一方面，要强化检察制度建设。如前文所述，检察职业道德和职业伦理的专业特色源于检察职业的制度基础，检察职业道德是检察制度的他律与道德的自律相结合的产物。检察制度为检察职业道德建设提供“能做什么”与“不能做什么”乃至“倡导做什么”的规范指引，整合、规范检察职业成员的行为，为其构筑道德底线。因此，检察职业道德建设要通过具体的制度设计和制度安排，引导检察成员的行为方式与价值观念。如通过构建良好的检察荣誉制度来强化检察职业道德建设。正如研究者表明，通过表彰其在专业能力和职业伦理中的突出表现，赋予受奖者以“同僚尊荣”，将职业道德规准实态化。① 另一方面，要强化检察文化建设。如果说检察制度是检察职业道德的“硬约束”，那么检察文化就是检察职业道德

① 参见李广德：《司法荣誉制度的法理逻辑与作用机制》，载《政法论坛》2018 年第 1 期。

的“软约束”。检察文化对于检察职业道德建设形成独特的作用机理，是由制度性他律转向道德性自律的重要载体。这也是由于检察文化内涵的丰富性——道德的、法律的和文化的，使它具有更全面的控制与调节功能，规范、约制包括检察官在内所有检察人员的职业行为。[①] 从检察职业道德与检察文化结合的角度看，政治忠诚是检察文化的根本立场，司法公正是检察文化的核心价值，纪律廉洁是检察文化的底线要求，检察文化建设与检察职业道德建设互相交融、互相促进。最高人民检察院2024年9月印发的《关于加强新时代检察文化建设的意见》即把培育弘扬“忠诚、为民、担当、公正、廉洁”的新时代检察精神作为新时代检察文化建设的根本任务，也体现了检察文化建设对于检察职业道德建设的重要作用。因此，检察工作现代化进程中，要充分发挥检察文化的价值引领功能和形象塑造功能，继承和发扬中华优秀传统法律文化。同时，基于司法体制改革的新时代背景，进一步发展和创新检察文化的内涵，加快建立以司法责任为核心的检察文化。[②]

第二，强化检察职业主体的人权保障意识。检察职业伦理具有特殊的内在规定，其职业伦理建设必须与其职责紧密相关，不能简单地将职业伦理与个人伦理混淆。如果只专注于一般职业伦理内容，如“奉献”“淡泊”等，就会淡化检察职业伦理的特殊性。“检察职业伦理的构建应该基于一种‘内在的视角’，立足于检察官职业自身的特性，而不是混同于社会大众伦理或一般常人的伦理要求。”[③] 加强检察职业伦理建

---

① 参见舒国兵：《新时代检察文化建设论纲》，载《西南民族大学学报（人文社会科学版）》2020年第3期。

② 参见舒国兵：《新时代检察文化建设论纲》，载《西南民族大学学报（人文社会科学版）》2020年第3期。

③ 张志铭、徐媛媛：《对我国检察官职业伦理的初步认识》，载《国家检察官学院学报》2013年第5期。

设，就要将检察伦理建设与检察职业内涵相关联。从《宪法》和法律的角度出发，一个国家政府必须承认和保护公民的基本权利，并且通过构建完善的法律体系来保护公民的基本权利。而检察职业主体代表公权力进行司法活动，充当法律监督者的角色，在制约权力和保护权利方面肩负重任。这种职业要求决定了必须加强检察职业主体的制度规范和内心自律，这种自律应融汇人权保障的基本精神内涵，做到客观和中立。司法实践中，我国的检察权运行实际上更偏重追诉和打击犯罪的职能，这在职业伦理中表现为检察职业主体对有利于被告的证据搜集不够等。我国检察职业伦理建设的关键就是要在整体上突出检察职责的基本定位，体现检察职业的内在规定。通过人权保护强化检察职业伦理的建设，彰显检察职业伦理的职业特性，促进检察职业主体依法履职、保障人权，维护检察职业主体的职业地位和职业尊严，是我国检察职业伦理建设的重要内容。

第三，强化检察职业主体的程序独立意识。检察职业具有专业性，检察职业伦理是基于职权行使而产生的一种责任伦理。如果说人权保障体现出检察职业伦理的特殊性，程序独立则体现出检察职业伦理的专业性。检察权属于程序性权力，检察权主要通过程序性权力的行使进行司法活动。因此，检察职业伦理中应贯穿对于程序独立的精神追求。长期以来重实体、轻程序的观念仍限制着检察职业伦理的发展。程序在保证司法公正方面具有无可替代的作用，程序独立对于司法产品的产生具有重要的控制功能。在我国司法实践中，部分检察职业主体程序观念淡化，缺乏对于程序独立的敬畏和尊重，成为影响办案质量的重要因素，也是部分错案产生的重要原因。由于政治、经济及法律文化等方面的原因，我们的理念与关于程序正义的共同理念、制度和国际准则之间还有一定的距离，也由于意识形态限制和传统的重负，我们对共同理念、制度和国际准则认同、接受的主动性、自觉性还很欠缺。因此，应将对于程序的尊重和遵守内化为检察职业伦理的内在元素，只有把程序本身的正当、合理、民主、科学、人道作为独立的价值看待和追求，才能将职业要求转换为内在的职业道德。

第四，强化检察职业主体的人格独立意识。我国上下级检察机关之间实行的是较为严密的检察一体化，并且检察机关的工作方式也显示出明显的行政化色彩。“在之前曝光的多起冤假错案中，也有司法人员发现案件中的证据疑点，但却无人敢于坚持自己的判断，也无人敢于对抗和挑战上级领导的不当指令，部分司法人员的这种明哲保身态度，虽然有某种身为‘体制内’人的无奈，但却是司法职业伦理的道德滑坡”。① 因此，应加强我国检察职业伦理建设，特别是要强调检察机关和检察职业的独立性。对于司法职业主体的独立品格，以及“不服从”的传统应当予以积极褒扬和塑造。在当前司法改革全面去行政化的过程中，对于检察职业主体权力的下放以及检察机关扁平化管理等方面的改革将为检察职业主体人格独立创造更多的条件。在此基础上，应进一步健全检察职业主体独立司法的职业保障机制，完善检察职业主体独立司法的监督制约机制，从根本上强化检察职业主体的人格独立意识。

（二）强化职业精神建设

强化职业精神建设旨在培养检察职业主体的社会责任意识和公共服务意识，提升检察职业精神建设的内生动力，在职业认同和职业自信基础上推进职业精神建设。推动以检察职业内涵为核心的检察职业精神建设，把维护法律公平正义和保障法律正确实施作为实现自我价值的路

---

① 万毅：《检察官职业伦理的划分》，载《国家检察官学院学报》2014 年第 1 期。

径。从制度和规范层面充分引导检察职业主体认识检察职业的功能、价值和定位，把职业价值和人生价值关联起来，激发自我实现内在需求。

把职业化作为检察职业精神培育的前提。检察职业精神来源并蕴含于检察主体的职业化，职业化是检察职业精神培育的基本前提。职业化是不同行业借以区分的主要标志，职业理念、职业伦理以及职业精神等职业中包含的“软实力”，均构成不同职业的内在规定。良好的职业精神首先应基于正确的职业定位，职业定位与职业精神具有高度的一致性。因此，只有实现检察主体职业化，才具备培育检察职业精神的前提条件。检察职业化包括检察主体履职保障的职业化、检察主体履职规则的职业化以及检察官价值体系的职业化等，其中的检察体制与机制、检察职业主体责任、检察思维方式与行为模式等，都构成检察职业精神培育的重要条件。

把法治化作为检察职业精神养成的支撑。检察职业精神依托并强化于国家治理体系的全面法治化，法治化是检察职业养成的重要支撑。国家治理体系的全面法治化，包括深厚的民主法治根基、强烈的人权保障意识以及有效的法律规则实施等，这些法治化的标志性要素是法律职业精神养成的重要支撑。检察职业精神的养成，以对国家法治化的内心高度认同为情感基础。因此，只有实现国家治理的法治化，才具备检察官职业养成的背景条件。任何法律职业精神都离不开国家治理体系的全面法治化，法治化与检察职业精神的养成同样密不可分。

把共识化作为检察职业精神内化的根本。检察职业精神属于意识形态领域，意识形态领域的问题需遵循意识形态领域的规律。意识形态存在于共识与一些哲学趋势中，或者是由相对独立群体中的权威者对所有成员提出的一组观念。因此，“共识”成为检察职业精神凝聚并被广泛接受的关键，共识化是检察职业精神养成的根本。检察职业精神的共识，需要历经依法治理方式的充分发展、不同法律乃至话语体系的充分磨合以及从理论到实践的充分验证等长期、复杂的过程。

三、增强权责担当能力和职业保障能力

（一）增强权责担当能力

增强权责担当能力旨在培养检察职业主体对自身权力和责任的认知、理解和履行能力。合理设置检察官权力清单，并合理放权于检察官，使其成为办案权力和办案责任的统一体，这样可以促进检察职业主体专业能力最大限度释放，让员额制检察官能够将其最好的专业素能运用在最需要的司法场合。[①] 同时，完善检察人员全员、全面、全时考核工作机制，优化考核指标设置，强化考核结果运用，推动干部能上能下、员额能进能出，提升检察队伍现代化管理水平。此外，提升检察绩效评价体系的内在激励和引导功能是至关重要的，“将考核结果直接运用于绩效奖惩是绩效考核内涵的制度逻辑”[②]。

在坚持严的基调不动摇的同时，要持续完善一体推进“三不腐”、防治“灯下黑”机制，持续深化纠治“四风”和司法不正之风，以确保检察队伍纪律严明、作风过硬。严格落实中央八项规定及其实施细则精神，严格执行新时代政法干警“十个严禁”、最高人民检察院“禁酒令”，常态化曝光典型案例，让铁规禁令越往后越严。同时，坚持狠抓防止干预司法“三个规定”的落实，有问必录、应报尽报，建立常态化核查机制，做实逢案必倒查，强化有责必追究。在这一过程中，要坚

① 参见曾翀、刘婵秀：《“后员额”改革时期的检察官员额制运行问题思考》，载《河北法学》2020 年第 6 期。

② 邹郁卓：《法官绩效考核制度的实践困境及优化对策》，载《法治论坛》2022 年第 4 期。

持严管与厚爱结合、激励与约束并重的原则，全面落实从优待检政策措施，大力选树一批可敬可学、时代特色和检察特征鲜明的检察英模。

（二）增强职业保障能力

增强职业保障能力旨在从物质层面和精神层面提升保障检察职业主体履职的能力。设立最高人民检察院检察官权益保障委员会，指导推进各地检察院设立检察官权益保障委员会。会同中央有关部门开展检察人员职业保障综合配套改革专题调研。“实行符合司法职业特点的检察官单独职务序列和工资制度，确保职业保障制度的有效落实，是推进检察人员分类管理制度以及其他相关司法制度的重要配套制度”。[①] 完善检察官遴选与退出机制，同步完善检察官助理培养与发展机制。现实看待和合理调适员额制及其目标与科层制之间的张力，妥善处理好检察办案权与检察司法行政管理权之间的关系。[②] 创立检察人员身心健康保护机制，调整完善检察人员因公牺牲伤残优抚政策。创设检察职业主体依法履职人身安全保护和不实举报及时澄清机制。检察职业责任的提升不仅是一种检察理念或职业自觉，更应是一种制度效应。

完善检察官责任追究和责任豁免制度机制。检察官惩戒工作应当坚持遵循司法规律，体现检察官职业特点；坚持实事求是、客观公正；坚持严肃追责与依法保护有机统一；坚持责任与过错相适应，惩戒与教育相结合。把司法责任制作为切入点，科学设置检察办案组织，建立有效的办案责任认定、追究和纠错机制，强化检察人员的依法办案意识。[③]

---

① 周新：《我国检察制度七十年变迁的概览与期待》，载《政法论坛》2019年第6期。

② 参见曾翀、刘婵秀：《“后员额”改革时期的检察官员额制运行问题思考》，载《河北法学》2020年第6期。

③ 参见舒国兵：《新时代检察文化建设论纲》，载《西南民族大学学报（人文社科版）》2020年第3期。

检察人员依法履行检察的行为受法律保护，应当承认并容许存在错误或瑕疵发生的可能性。进一步明晰办案组织内外的责任机制，建立明确、规范、权威的制度指南。[①] 检察官惩戒工作应当严格根据法定事由，依照法定程序进行。建立检察官责任豁免制度，确保检察官非因故意或重大过失、一般过失导致违反职责或导致错案、案件瑕疵的，免除其承担民事责任、行政责任、刑事责任及纪律处分等。

以检察信息化建设助推检察职业保障。第一，以系统化的思维进行技术推进。检察信息化建设是一项系统性工程，对于检察信息化的建设项目、阶段性目标、标准和规则以及组织保障与应用实施等均需要以系统化的思维推进。最高人民检察院检察长应勇指出，新征程上推动“四大检察”全面协调充分发展，要坚持依法一体履职、综合履职。“数字检察并非单一类属的法律监督，而是‘四大检察’一体履职、综合履职的新型监督，属于一种因多维而高阶的新时代样态”。[②] 数字检察是检察业务与数字技术的深度融合，是一项系统性工程。在检察业务融合发展的大背景下，数字检察更应该成为推动检察机关跨部门、跨领域一体履职、综合履职，构建新时代检察监督业务新模式的引擎。

第二，以大数据的思维进行技术支持。维克托·迈尔-舍恩伯格在其著作《大数据时代》中提出，大数据不仅是技术，更是思维。相较于传统法律监督工作，数字检察已由坚持和完善检察制度的改革初衷，演化升级为对司法制度的系统性维护、秩序性建构和功能性补充，既是一场对履职方法和思维方式的整体性革新，更是一次对法律监督运行机

---

① 参见曾聃、刘婵秀：《“后员额”改革时期的检察官员额制运行问题思考》，载《河北法学》2020 年第 6 期。

② 胡梅奎：《数字检察改革的理论基础、实践困境与发展面向》，载《治理研究》2024 年第 2 期。

制“横向到边、纵向到底”的重塑变革。[①] 因此，应以大数据思维考量检察工作现代化，通过大数据思维影响检察职业主体在检察工作中的法治思维，充分发挥大数据思维在检察思维转换中的辅助作用。正如研究者所言，“进入数字治理、数字法治新阶段，相比完善法律法规、健全制度规范，实行一体化履职数字模式，由机制衔接、协同协作层面转向监督办案数据模型的一体融合，无疑具有‘底座重塑’优势”[②]。

第三，以程序化的思维进行技术应用。一切技术都是在制度下发挥作用，技术作为一种工具，必定也是一把“双刃剑”，其作用效果关键还是取决于应用它的主体及其配套机制。最高人民检察院检察长应勇在江苏调研时强调，以高质效检察履职服务高质量发展，以高质量司法办案促进高水平社会治理，着力提升为大局服务、为人民司法、为法治担当的主动性、针对性、实效性[③]。应发挥数据在法律监督中的优势，扭转重办案轻监督现状，通过运用数据重塑法律监督模式。大数据法律监督理念应该成为检察机关的履职自觉，数据分析应当成为每个检察人员的必备技能。

---

① 参见胡梅奎：《数字检察改革的理论基础、实践困境与发展面向》，载《治理研究》2024 年第 2 期。

② 高景峰：《数字检察的价值目标与实践路径》，载《中国法律评论》2022 年第 6 期。

③ 应勇率最高检调研组在江苏调研，载微信公众号“最高人民检察院”2024 年 4 月 30 日，https：//baijiahao. baidu. com/s？ id = 1797685836733409971。

结　语

“中国式现代化”是具有鲜明中国特色的人类文明新形态，而检察工作现代化在其中承担关键性角色，必须具备与之相适应的本质属性。这种现代化并非简单地照搬国外法治形态，而是深植于中国优秀传统法治文化之中，具备独创性的先进理念和制度设计，肩负着服务保障中国式现代化的历史使命和重大责任。检察机关通过对中国优秀传统法治文化的传承和创新，以及对检察工作现代化的探索与实践，能够更好地承担中国特色社会主义法治道路的历史使命与重大责任。同时，在全面推进检察理念、检察体系、检察程序和检察机制、检察能力现代化过程中，应当坚持党对检察工作的绝对领导。检察工作要为大局服务、为人民司法、为法治担当。另外，检察工作现代化通过检察办案与法律监督有机融合的实践，不断提升检察机关的办案能力和法律监督水平，以实现“四大检察”和各项检察业务高质量发展，才能源源不断地为中国式现代化的进程贡献法治力量，谱写中国特色社会主义法治事业的崭新篇章。